CANAL DU NORD

SUR PARIS.

NOTICE SUR L'AVANT-PROJET.

CANAL DU NORD

SUR PARIS

NOTICE SUR L'AVANT-PROJET

PAR

A. FLAMANT

Ingénieur en chef des Ponts-et-Chaussées,
Chargé du Service des Études.

LILLE

IMPRIMERIE L. DANEL.

1880.

CANAL DU NORD

SUR PARIS.

NOTICE SUR L'AVANT-PROJET.

L'idée de l'ouverture d'un canal destiné à mettre la région industrielle du Nord en communication directe avec Paris prit naissance à la suite du vote, par les Chambres, de la loi autorisant l'exécution des travaux d'approfondissement de la Seine, entre Paris et Rouen.

Les exploitants de houille du Nord et du Pas-de-Calais s'émurent des conséquences que pourraient avoir, pour leur industrie, ces travaux qui permettraient aux charbons anglais d'arriver à Paris à des prix assez bas pour en chasser leurs produits, et leur fermer le marché important de la Seine et des départements voisins.

Le Comité des houillères du Nord et du Pas-de-Calais, naturellement appelé à chercher les moyens de conjurer ces funestes effets, profita du voyage de M. le Ministre des Travaux Publics dans le Nord pour lui exposer ses craintes et lui demander de faire examiner la question. A peine de retour à Paris, M. le Ministre instituait, le 19 septembre 1878, une commission spécialement chargée « d'étudier les moyens propres à mettre les houillères du » Nord en situation de soutenir la concurrence étrangère, lorsque les travaux » d'approfondissement projetés sur la Seine seront exécutés. »

Cette Commission [1] a reconnu :

Que l'approfondissement de la Seine aura une influence nuisible sur l'industrie houillère du Nord et du Pas-de-Calais.

---

[1] Cette Commission se composait de :

MM. Du Souich, Inspecteur général des mines, *Président.*
Gosselin, Inspecteur-général des Ponts-et-Chaussées, *Vice-Président.*
Raillard, Ingénieur en chef des Ponts-et-Chaussées ,
Bertin,   id.   id.
Holleaux,   id.   id.
De Marsilly, Directeur de la Compagnie d'Anzin .
Vuillemin .   id   d'Aniche.
Bollaert, Agent général des mines de Lens.
Marmottan , Président du Conseil d'Administration des mines de Bruay.
Duporcq, Ingénieur des mines.
Gruson . Ingénieur des Ponts-et-Chaussées, *Secrétaire.*

Que les voies de transport du Nord à Paris sont insuffisantes.

Que la création d'un nouveau canal du Nord à Paris est le seul moyen de mettre les houillères en mesure de lutter avec la concurrence étrangère et de développer leur production.

Et dans son rapport déposé à la date du 26 octobre 1878, elle a demandé la création d'un service spécial chargé de faire les études de cette voie navigable.

Ce service fonctionne depuis le 1er décembre 1878.

Loi du 5 août 1879.

Depuis lors, un résultat important a été obtenu. La Chambre des Députés et le Sénat ont reconnu l'utilité du canal projeté ; et la loi du 5 août 1879, relative au classement et à l'amélioration des voies navigables, comprend parmi les lignes nouvelles, un « *Canal destiné à mettre en communication la* » *région industrielle du Nord avec Paris.* »

Ce classement n'est que le premier pas dans la voie qui doit aboutir à la déclaration d'utilité publique. Bien qu'admise par le Parlement, l'utilité du canal peut encore être discutée, et il importe de développer les arguments que l'on peut invoquer en sa faveur.

Division du présent travail.

Les considérations générales relatives à l'utilité du canal projeté formeront donc la première partie de cette notice.

Puis viendra la description technique et la justification des principales dispositions du projet.

Enfin la troisième partie comprendra l'évaluation des dépenses à faire pour la construction du canal et leur comparaison avec le résultat à obtenir, c'est-à-dire avec l'abaissement du prix du fret qui en sera la conséquence.

PREMIÈRE PARTIE.

CONSIDÉRATIONS GÉNÉRALES SUR L'UTILITÉ D'UNE NOUVELLE VOIE DE COMMUNICATION ENTRE LE NORD ET PARIS.

Région industrielle du Nord. — D'après la loi de classement du 5 août 1879, le canal qui fait l'objet de la présente étude est destiné à établir une communication directe entre la région industrielle du Nord et Paris.

Cette région industrielle s'étend dans les départements du Nord et du Pas-de-Calais, et plus spécialement dans les arrondissements de Valenciennes, Cambrai, Douai, Lille, Arras et Béthune. Le méridien qui passe par Douai et Lille la divise en deux parties sensiblement égales en superficie et en importance, et la ville de Douai peut en être considérée à peu près comme le centre géographique.

Les industries qui y prospèrent sont aussi nombreuses que variées. La métallurgie, le travail des matières textiles, la fabrication des produits chimiques, du sucre, de l'alcool, y occupent d'innombrables usines dont quelques-unes sont de première importance.

Industrie houillère. — Mais l'origine de cette activité, qui n'a son égale sur aucun autre point du territoire français, réside dans l'industrie extractive, dans la production de la houille, qui a pris et qui prend tous les jours un développement absolument inattendu.

Transports entre le Nord et Paris. — Une énorme quantité de marchandises de toutes sortes est transportée entre cet immense atelier de production et Paris, qui les consomme; mais parmi ces marchandises, celle qui forme l'élément de trafic le plus important, et celle que l'on doit surtout avoir en vue lorsqu'il s'agit de transports par eau, est précisément la houille.

Dans ce qui va suivre, il ne sera donc question que de l'industrie houillère, et c'est uniquement au point de vue de la production de la houille que l'on considèrera la région industrielle du Nord dont il est parlé dans la loi de classement; non pas que l'on méconnaisse l'importance des autres industries, ni que l'on compte pour rien les transports auxquels elles peuvent donner lieu. Mais en raison même de leur diversité, l'énumération et le dénombrement des marchandises à transporter conduiraient à des développements hors de proportion avec le sujet.

Importance du bassin houiller du Nord et du Pas-de-Calais.

Situation géographique. Le bassin houiller du Nord et du Pas-de-Calais forme sur le territoire de ces deux départements le prolongement du bassin belge de Liége, Charleroi et Mons. Il s'étend depuis la frontière de Belgique, près de Valenciennes et de Condé, jusqu'à la vallée de la Lys, près de Thérouanne, sur une longueur d'environ cent kilomètres, dont quarante dans le département du Nord et soixante dans celui du Pas-de-Calais.

Sa largeur varie de quinze à deux et même à un kilomètre. Elle est en moyenne de douze [1].

Étendue. La surface concédée est de 124,721 hectares, dont 65,177 dans le département du Nord et 59,544 dans celui du Pas-de-Calais. Les recherches poursuivies dans ce département, au Sud et à l'Ouest du bassin, permettent d'espérer un accroissement très-notable de ce dernier chiffre.

Importance de l'exploitation. L'origine de l'exploitation du bassin houiller du Nord remonte au siècle dernier. Celui du Pas-de-Calais, au contraire, n'a été exploité qu'à partir de 1851; il n'a donc pas trente années d'existence.

Déjà, en 1836, on extrayait dans le département du Nord plus de 600,000 tonnes de houille, ce qui représentait un peu plus du quart de la production et près du sixième de la consommation totale de la France. En 1850, la production du Nord atteignait 1,000,000 de tonnes, la production totale de la France 4,400,000 tonnes, et sa consommation totale 7,300,000 tonnes.

A partir de 1851, la mise en exploitation du bassin houiller du Pas-de-Calais eut pour conséquence un accroissement rapide de la production. La quantité de houille extraite dans les deux départements s'éleva successivement :

En 1853, à	1,394,476 tonnes.
En 1858, à	2,078,851 id.
En 1868, à	4,160,209 id.
En 1878, à	7,069,855 id.

Dans cette dernière année 1878, la production totale de la France a été de 16,960,916 tonnes et sa consommation totale de 24,555,300. Les dépar-

---

(1) La houille se montre encore dans le nord-ouest du département du Pas-de-Calais et forme le bassin houiller du Boulonnais, que l'on ne mentionne ici que pour mémoire, à cause de son peu d'importance actuelle, et qui paraît être le prolongement du premier, bien que la présence de la houille n'ait pas encore été reconnue dans la lacune qui les sépare aujourd'hui.

tements du Nord et du Pas-de-Calais ont donc fourni plus des deux cinquièmes de la houille produite et près des trois dixièmes de la houille consommée en France.

Répartition entre les diverses concessions.

La production de 7,000,000 de tonnes de l'année 1878 se répartit entre 33 concessions, comme l'indique le tableau de la page 70. La carte ci-annexée montre l'emplacement de chacune de ces concessions et leur importance relative. De ces 7,000,000 de tonnes, 3,200,000 tonnes sont produites par le département du Nord, et 3,800,000 par celui du Pas-de-Calais.

Ce dernier, quoiqu'exploité bien plus récemment, a dépassé son voisin. Il est le département de France où la production atteint son chiffre le plus élevé, et il fournit, à lui seul, près du quart de la production totale de la France.

Moyens d'extraction.

Il s'en faut, cependant, que cette production soit arrivée à son apogée : le bassin du Pas-de-Calais, au contraire, se trouve à peine à l'origine de son développement.

Il présente 58 fosses en exploitation, sur lesquelles 10 viennent d'être terminées et ne donnent que des quantités restreintes ; 7 autres fosses sont en cours de construction. La production actuelle de près de quatre millions de tonnes a été obtenue en réalité avec 48 fosses, tandis que dans un avenir très-rapproché, il y en aura 65 en activité.

On peut donc compter sur une production de 5,000,000 de tonnes au moins pour le Pas-de-Calais seul, avec les moyens d'extraction dont il dispose aujourd'hui.

Leur développement.

Ces moyens augmentent tous les jours : les travaux neufs destinés à en favoriser l'accroissement sont considérables. Ils ont donné lieu, depuis l'origine de l'exploitation, à une dépense totale de près de trois cent cinquante millions de francs (Voir le tableau B, page 72), et dans les dix dernières années, cette dépense a été, dans le Pas-de-Calais seulement, de soixante-sept millions trois cent mille francs, savoir :

De 1868 à 1872 . . . .   17,550,000 fr.
Soit en moyenne 3,510,000 fr. par année.
De 1873 à 1877   49,750,000
Soit en moyenne 9,950,000 fr. par année.
Total de 1868 à 1877 . . . . .   67,300,000 fr.

Dans le département du Nord, des dépenses analogues ont été faites ; de sorte que depuis dix ans, plus de cent millions de francs ont été consacrés par les Compagnies houillères à l'accroissement de leur puissance productrice.

Ce chiffre colossal suffit pour démontrer que le développement du bassin suivra sa marche progressive s'il n'est pas arrêté par des causes étrangères.

L'espace ne fera pas défaut pour un accroissement rapide. Sur les 60,000 hectares environ, concédés dans le département du Pas-de-Calais 24,000, soit seulement les deux-cinquièmes, sont en exploitation. Le reste, 36,000 hectares, n'a pas encore été atteint, se trouve absolument libre et attend l'ouverture de nouvelles fosses.

Il n'y a pas à craindre de voir s'épuiser de si tôt les richesses minérales que renferme le bassin. Dans un rapport adressé à M. le Ministre des Travaux publics, le 3 octobre 1873, M. l'Ingénieur des Mines de Clercq évaluait la quantité de houille qu'il contient à treize milliards de tonnes. Les évaluations les plus modérées, faites par les Ingénieurs des Compagnies houillères, ne sont pas inférieures à six milliards de tonnes.

En admettant ce dernier chiffre et en considérant que jusqu'ici, il n'a été extrait que 130 millions de tonnes, on voit que la production pourrait être portée à 15 millions de tonnes pendant près de quatre cents ans, et à 20 millions pendant trois cents ans.

Les découvertes récentes faites au midi du bassin peuvent permettre d'espérer que ces chiffres ne sont que des minimums, qui seront sans doute beaucoup dépassés.

En résumé, depuis trente ou quarante ans, la quantité de houille extraite dans les départements du Nord et du Pas-de-Calais a suivi une marche régulièrement ascendante de manière à doubler, à peu près au bout de chaque période de dix ans. Les travaux neufs destinés à augmenter la production ont pris dans les dix et surtout dans les cinq dernières années un développement considérable. La richesse des gisements permet de faire face pendant plusieurs siècles à une production double ou triple de celle d'aujourd'hui.

On doit donc considérer comme assurée la continuation du développement antérieur et admettre que, dans un avenir prochain, dix, quinze ou vingt ans au plus, la production atteindra et dépassera quinze millions de tonnes par an.

Ce n'est pas tout de produire de pareilles quantités de marchandises, il faut en assurer l'expédition.

Les compagnies houillères ont dû, pour cela, raccorder leurs fosses avec les voies de communication préexistantes, creuser des canaux, construire des quais, des écluses, des bassins, installer des appareils de chargement, établir des voies ferrées depuis les lieux de production jusqu'aux stations de chemin de fer, ou jusqu'aux canaux.

Ces travaux représentent aujourd'hui une dépense totale qui atteint cinquante millions de francs et dont le détail entre diverses compagnies est donné dans le tableau de la page 74.

La plupart des travaux exécutés consistent en ouverture de canaux et de chemins de fer et profiteront tôt ou tard au public, comme cela a lieu déjà pour le chemin de fer d'Anzin à Somain et à Péruwelz. Le chiffre total de 50 millions de francs, qui s'accroît tous les jours, est déjà à lui seul de nature à appeler la sérieuse attention du gouvernement et pourrait motiver de sa part un sacrifice correspondant.

Quantités de houille consommées dans la région alimentée par ce bassin.

Distribution de la houille du Nord et du Pas-de-Calais. La plus grande partie de la houille produite par le bassin du Nord et du Pas-de-Calais est consommée sur place, c'est-à-dire dans le territoire de ces deux départements. Sur sept millions de tonnes, quatre sont absorbés par les besoins locaux et trois seulement peuvent être exportés. Ces trois millions de tonnes se répartissent entre les départements voisins des bassins de l'Oise, de la Seine, de la Marne, de la Meuse, de la Moselle et même de la Loire. Les houillères du Nord pénètrent ainsi dans une trentaine de départements à l'alimentation desquels elles contribuent, concurremment avec celles des autres bassins français et étrangers.

Le tableau suivant donne la liste des départements dans lesquels la houille du Nord et du Pas-de-Calais a pénétré en 1878; il indique en même temps la quantité totale de houille consommée dans chacun d'eux et celle de la houille qui leur a été fournie par les départements du Nord et du Pas-de-Calais. Ces chiffres ont été fournis par le bureau de la statistique de l'industrie minérale.

DÉPARTEMENTS.	QUANTITÉ DE HOUILLE consommée en 1878		PROPORTION de la houille du Nord et du Pas-de-Calais à la consommation totale.
	provenant du Nord et du Pas-de-Calais.	de toutes provenances.	
PRODUCTEURS :	tonnes.	tonnes.	%
Nord	3.282.000	4.534.000	72
Pas-de-Calais	4.088.500	4.399.500	77
Totaux pour les départements producteurs..	4.370.500	5.933.500	74
CONSOMMATEURS :			
Aisne	306.500	653.600	47
Marne	102.700	324.100	31
Somme	342.600	529.900	65
Oise	209.000	342.100	61
Seine	944.500	2.036.700	46
Seine-Inférieure	88.900	812.700	11
Seine-et-Oise	89.000	338.000	26
Seine-et-Marne	37.300	183.700	20
Eure	36.000	127.400	28
Meuse	21.400	115.900	18
Meurthe-et-Moselle	234.500	1.363.100	17
Haute-Marne	97.300	268.300	36
Finistère	27.000	68.100	40
Plus 85 départements consommant chacun moins de 20,000 tonnes et ensemble	131.200	2.646.100	5
Totaux généraux	7.008.400	15.713.800	44

Les sept millions de tonnes produites par le bassin se répandent dans une région qui en consomme plus de quinze ; et si l'on fait abstraction des deux départements producteurs, les trois millions de tonnes exportées contribuent à l'alimentation d'une région qui en consomme près de dix millions.

Telle est la situation actuelle.

Développement de la consommation. — Mais de même que la production, la consommation augmente tous les jours : la loi d'accroissement constatée depuis trente ou quarante ans sans interruption se poursuivra sans doute encore pendant quelques années, et l'on peut, sans être taxé de témérité, chercher à prévoir l'avenir prochain par l'expérience du passé.

L'étude du développement de la consommation dans toute l'étendue de la région alimentée par le bassin entraînerait à des développements étrangers à la question spéciale qui fait l'objet du présent rapport.

Il suffit de la limiter aux départements à l'alimentation desquels le canal projeté pourra contribuer directement.

Régions intéressées à la création du canal. — Le tableau ci-annexé (Note D, page 76), avec sa représentation graphique planche III, fait connaître les quantités totales de houille consommée dans trois groupes de départements depuis 1847. Le premier de ces groupes comprend les deux départements producteurs, le Nord et le Pas-de-Calais ; le second est formé des quatre départements immédiatement voisins : l'Aisne, la Marne, la Somme et l'Oise, enfin, le troisième renferme les départements du bassin de la Seine et quelques départements limitrophes.

La consommation du premier groupe, de deux millions de tonnes en 1847 s'est élevée à six millions de tonnes en 1878. Elle a donc triplé en trente ans c'est-à-dire doublé en moyenne après vingt ans.

Celle du second groupe, dans la même période, a passé de quatre cent mille à deux millions de tonnes. Elle a quintuplé en trente ans ou doublé en moyenne après chaque période de douze ans.

Celle du troisième s'est élevée de un à quatre millions de tonnes, en doublant en moyenne tous les quinze ans.

Les trois groupes réunis qui consommaient ensemble 3,400,000 T. en 1847 en consommaient 12,000,000 en 1878, c'est-à-dire près de quatre fois plus.

Si la même loi de développement se poursuit, la consommation totale doublera encore en quinze ans et atteindra alors 24.000,000 de tonnes.

Loi d'accroissement de la production et de la consommation des houilles en France. — Ce résultat n'a rien qui doive surprendre ; l'accroissement dont il s'agit ne s'observe pas seulement dans la région des houilles du Nord, mais dans l'ensemble du territoire français.

Dans son rapport adressé à M. le Président de la République, M. de Freycinet, Ministre des Travaux Publics, en présentant le tableau graphique qui représente le développement de la production et de la consommation houillère en France depuis 1811, s'exprime ainsi :

« Si l'on observe l'allure des lignes diagraphiques en négligeant leurs irré-
» gularités accidentelles ; tant pour la production de nos houillères que
» pour le total de la production et des importations, depuis 1811 jusque dans
» ces dernières années, on reconnait aisément que ces lignes suivent à peu
» près la forme d'une parabole ou mieux encore d'une logarithmique. D'où
» il faut conclure que, pendant cet intervalle semi-séculaire, notre production
» et notre consommation de combustibles minéraux se sont développées
» d'après une loi théorique des plus simples, l'une et l'autre ont augmenté
» sensiblement en progression géométrique. La période de doublement a été
» approximativement de 12 ans pour la consommation et de 13 à 14 pour la
» production. »

La période de quinze ans, pour le doublement de la consommation, constatée dans la région du Nord, est par conséquent supérieure à la période correspondante pour la France entière.

Conséquences. Une loi si générale, constatée depuis si longtemps, peut-elle tout d'un coup, sans cause apparente, recevoir une modification profonde ? Il n'est guère permis de le supposer. Il faut donc logiquement admettre que la région ouverte aux houilles du Nord arrivera dans un avenir rapproché, c'est-à-dire dans quinze ans environ, à consommer vingt-quatre millions de tonnes de combustible.

La région intermédiaire entre le Nord et Paris consommera alors quatre millions et celle du bassin de la Seine huit millions de tonnes.

Proportion des houilles du Nord dans la consommation de ces régions. D'après les chiffres des tableaux publiés par le bureau de la statistique de l'industrie minérale, sur les deux millions de tonnes consommées aujourd'hui dans la première, le bassin du Nord et du Pas-de-Calais en fournit un million, et il ne fournit que 1.200,000 tonnes sur les quatre millions consommés par la seconde, que sa position géographique semblerait cependant en faire le débouché naturel.

Cette situation, qui constitue une véritable anomalie, est un premier indice d'une défectuosité dans les voies de communication reliant le centre de la production à celui de la consommation.

Il convient donc d'examiner quels sont les moyens de transport dont disposent les houillères, et s'ils sont suffisants pour la tâche qu'ils ont à remplir.

Voies servant au transport des houilles du Nord
et du Pas-de-Calais.

Les houilles du Nord et du Pas-de-Calais sortent du bassin houiller par chemin de fer ou par eau.

Transports par chemins de fer. — Le chemin de fer du Nord les transporte à des prix variables suivant les distances.

Tarifs. — Voici quelques exemples d ces prix pour divers parcours :

INDICATION DU PARCOURS	Distances en kilomètres.	PRIX du transport par tonne.	PRIX par tonne et par kilomètre.
De Lens à Arras	20	1.20	0.060
De Lens à Amiens	88	4.50	0.051
De Lens à Creil	161	5.40	0.031
De Lens à Paris	242	7.40	0.035
De Valenciennes à Arras	58	3.50	0.060
De Valenciennes à Saint-Quentin	96	4.50	0.047
De Valenciennes à Paris	250	7.40	0.029
De Dunkerque à Paris	305	7.40	0.0244

Le prix total est de 0,60 pour les petites distances comptées pour 6 kilomètres.

Il est alors de 0,10 au moins par tonne kilométrique.

Le prix moyen, pour l'ensemble du réseau du Nord, ressort à 0,0358 par tonne kilométrique.

Quantités transportées. — Le chemin de fer du Nord transporte annuellement plus de cinq millions de tonnes de houille dont plus de trois millions proviennent du bassin du Nord et du Pas-de-Calais. Voici les chiffres des cinq dernières années :

PROVENANCE DES HOUILLES.	QUANTITÉS DE HOUILLE transportées par le Chemin de fer du Nord pendant les années				
	1874	1875	1876	1877	1878
	tonnes.	tonnes.	tonnes.	tonnes.	tonnes.
Bassin du Nord et du Pas-de-Calais	2.704.952	2.804.028	3.059.309	3.028.654	3.215.851
Belgique	1.933.099	2.039.723	1.886.758	1.699.435	1.874.065
Angleterre	192.444	312.025	340.428	304.345	263.029
Allemagne	70.340	72.430	92.400	99.770	112.480
Totaux	4.900.505	5.228.206	5.378.595	5.434.774	5.465.418

De ces cinq millions de tonnes , les deux tiers sont consommés dans les
départements producteurs ou bien dans la région immédiatement voisine.
Il n'en arrive à Paris, tant pour la consommation locale que pour la réexpé-
dition, que 1.500,000 environ ainsi réparties :

(Chiffres applicables à l'année 1878.)

Houilles françaises	Paris (La Chapelle).	469,956 ᵀ	
	Chemin de Ceinture.	164,410	785,477
	Chemin de l'Ouest (Argenteuil) . .	110,961	
	Saint-Denis.	40,150	
Houilles belges.		486,907	
Houilles anglaises.		163,059	
Houilles allemandes.		109,610	
Total		1,545,053 ᵀ	

Les quantités de houille transportées par le chemin de fer augmentent
parallèlement à la production et à la consommation , et, malgré les plaintes
qui se produisent chaque année au sujet de l'insuffisance du matériel de la
Compagnie du Nord, on peut dire que cette Compagnie a pu , jusqu'à
présent , développer sa puissance et ses moyens de transport en proportion
des besoins.

Les départements du Nord et du Pas-de-Calais sont sillonnés par un grand
nombre de voies navigables qui servent au transport de la houille. Pour les
expéditions vers Paris, ces diverses voies se réunissent en une seule située
vers l'extrémité orientale du bassin et qui est formée par l'Escaut, le canal de
Saint-Quentin et l'Oise canalisée.

Les prix de transport par eau sont, comme ceux de transport par chemin
de fer, variables avec la distance ; mais, de plus, ils ne sont pas réglés par des

tarifs uniformes et varient avec les saisons et une foule de circonstances. Des bulletins hebdomadaires publiés par M. Bracq-Miroir, commissionnaire en douane, à Condé-sur-Escaut, enregistrent les variations de ces prix. Le tableau ci-joint (Note E, page 80) donne les moyennes des prix qui ont été pratiqués dans les quatre dernières années pour un certain nombre de parcours. En voici quelques résultats.

INDICATION DU PARCOURS.	Distances en kilomètres.	PRIX de transport par tonne.	PRIX par tonne et par kilomètre.
De Lens à Douai	23	0.82	0.036
De Lens à Arras	54	1.60	0.031
De Lens à Amiens	227	3.93	0.047
De Lens à Paris	344	6.48	0.018
D'Anzin à Douai	40	1.34	0.024
D'Anzin à Saint-Quentin	76	2.10	0.023
D'Anzin à Paris	302	5.63	0.018
De Lens à Rouen	467	7.00	0.015

Ces prix sont notablement inférieurs à ceux du transport par chemin de fer. Tandis que ceux-ci varient de 0,025 à 0,060, les autres varient de 0,015 à 0,036. Ils sont donc, en moyenne, les six dixièmes des premiers.

Les voies navigables transportent annuellement environ trois millions de tonnes de houille, dont deux millions proviennent du Nord et du Pas-de-Calais. Voici les chiffres des cinq dernières années.

PROVENANCE DES HOUILLES.	QUANTITÉS DE HOUILLE transportées par les voies navigables pendant les années				
	1874	1875	1876	1877	1878
	tonnes.	tonnes.	tonnes.	tonnes.	tonnes.
Bassin du Nord et du Pas-de-Calais	1.746.745	1.915.024	1.852.812	2.047.350	2.099.633
Belgique (Mons et Charleroi)	1.042.546	1.150.658	950.477	905.106	897.584
Angleterre	36.830	38.629	33.347	19.555	12.191
TOTAUX	2.795.964	3.104.311	2.836.636	2.972.041	3.009.408

Plus des deux tiers de la quantité expédiée par eau sont consommés soit dans les départements producteurs, soit dans la région voisine; et il n'arrive à

Conflans Sainte-Honorine, pour être réparties dans la région de la Seine, que 900,000 tonnes environ savoir , en 1878 :

Houilles françaises. . . .	du Nord	189,908 T.	451,228
	du Pas-de-Calais. . .	261,320	
Houilles belges	de Mons	229,168	438,600
	de Charleroi.	209,432	
	Total.		889,828 T.

Stationnement du trafic. Les quantités de houille expédiées par les voies navigables n'ont pas augmenté sensiblement, au moins dans les dernières années. On verra plus loin à quelle cause il faut attribuer cette stagnation du trafic.

Comparaison des deux modes de transport. La comparaison des chiffres qui précèdent avec ceux qui sont relatifs aux transports par chemin de fer donne lieu à des remarques intéressantes.

La voie d'eau convient aux transports à grande distance. Comme l'a fait observer M. l'Ingénieur en chef Bertin dans son opuscule sur les voies navigables du Nord, en date du 1er juillet 1879, la batellerie ne peut lutter avantageusement avec le chemin de fer, pour le transport de la houille, que lorsque ce transport doit s'effectuer à grande distance. Pour les destinations rapprochées, l'économie qu'elle peut offrir ne suffit pas pour compenser les avantages bien connus que le destinataire retire de l'emploi de la voie ferrée.

Proportion des houilles expédiées par les deux voies. On devrait donc s'attendre à trouver les houilles expédiées à grande distance emprunter de préférence la voie d'eau, le chemin de fer étant réservé pour les parcours relativement faibles.

Il n'en est rien. Pour ne parler que des houilles expédiées au-delà de Paris, elles sont entièrement transportées sur rails. Le charbon expédié par eau ne dépasse Paris que très-exceptionnellement.

En ce qui concerne les houilles arrivant à Paris ou dans la région de la Seine, on a vu que 1,545,000 tonnes viennent par chemin de fer et 890,000 tonnes par eau, soit respectivement 63.4 et 36.6 pour cent de la consommation totale, alors que la totalité des houilles empruntant chacune de ces deux voies est de 5,465,000 tonnes pour le chemin de fer et 3,009,400 tonnes pour les canaux représentant une proportion de 64.5 et 33.5 pour cent.

Ainsi, les houilles transportées par chemin de fer figurent dans l'ensemble de la consommation de Paris, pour une proportion à peu près égale à celle que l'on observe dans l'ensemble de la région alimentée par la houille du Nord.

D'après ce que l'on vient de dire , il y a là une anomalie qui ne peut s'expliquer que par l'état de la voie navigable réunissant Paris au bassin houiller.

Défectuosités de la voie d'eau. — Sa longueur.

Cette voie est extrêmement sinueuse. Alors que la distance de Lens à Paris n'est que de 212 kilomètres par chemin de fer, elle est de 344 kilomètres par eau. De Valenciennes à Paris, les distances sont de même de 250 kilomètres par chemin de fer et de 318 kilomètres par eau. Il en résulte que l'économie du transport par bateau se trouve compensée par l'allongement du parcours. Les prix de transport sont presque les mêmes, 7 fr. 40 par chemin de fer ; 6 fr. 18 ou 5 fr. 63 par eau, et les consommateurs de Paris n'ont qu'un intérêt médiocre à se servir du canal.

Son encombrement.

La longueur de la voie navigable dont il s'agit n'est pas sa seule imperfection. Elle est constamment encombrée, et ces encombrements occasionnent à la batellerie des retards considérables. Les crues de l'Oise et de la Seine interrompent chaque année la navigation pendant une partie de l'hiver. La traversée du bief de partage du canal de Saint-Quentin est aussi une cause de retards, de même que celle des nombreuses écluses, des ponts trop étroits, des courbes brusques, etc., qui se rencontrent à chaque pas.

Sous l'influence de ces diverses causes, le trafic reste stationnaire sur la ligne navigable de Mons à Paris.

Son trafic reste stationnaire.

On a figuré sur le tableau graphique qui représente la consommation de la houille (planche III) le tonnage moyen, rapporté au parcours total de cette voie navigable pour la direction de Mons vers Paris. On voit que ce tonnage n'a pas sensiblement varié depuis 1862. La ligne qui le représente tendant vers l'horizontale forme un singulier contraste avec les autres lignes du tableau qui s'élèvent plus ou moins rapidement.

Il convient de dire que cette situation est à peu près unique dans le réseau des voies navigables du Nord. On peut s'en convaincre en examinant le tableau suivant qui donne le tonnage moyen rapporté au parcours total, pour un certain nombre de ces voies, en 1866 et en 1877.

DÉSIGNATION DES VOIES NAVIGABLES.	TONNAGE MOYEN rapporté au parcours total.		Augmentation pour cent.
	1866	1877	
Scarpe moyenne	664.000	963.000	45 %
Canal de la Sensée	557.000	929.000	67 %
Canal d'Aire	561.000	819.000	46 %
Canal de Bourbourg	335.000	512.000	53 %
			Diminution.
Voie navigable de Mons à Paris	1.633.000	1.617.000	1 %

La stagnation du trafic sur la voie navigable de Mons à Paris ne peut être attribuée à la concurrence des chemins de fer, puisque cette concurrence s'exerce également sur les autres canaux considérés ci-dessus. Elle ne date d'ailleurs que de 1862 ou environ. Auparavant le mouvement commercial suivait une marche ascendante, correspondant à l'accroissement de l'activité industrielle de la région, mesurée par la consommation de la houille. A partir de 1862 ou 1863, le tonnage de la voie navigable est resté à peu près stationnaire, sauf la grande diminution produite par les événements de 1870-1871.

A quelle cause faut-il rattacher ce fait singulier, unique dans les voies de transport de la région du Nord ?

La seule explication qui paraisse en rendre raison, c'est que, dans les conditions où elle se trouve aujourd'hui, la voie navigable dont il s'agit a atteint la limite de ce qu'elle peut transporter.

Il est facile de s'en rendre compte.

Le bief de partage du canal de Saint-Quentin, sur lequel se trouvent deux souterrains d'une longueur ensemble de 6,770 mètres, est à une seule voie sur presque toute son étendue de vingt kilomètres. Les bateaux ne peuvent pas s'y croiser, et la navigation doit se faire par rames traînées par un toueur. Ce bief est en même temps très-sinueux : il présente un grand nombre de courbes de faible rayon. La passe dans le souterrain est étroite, et les bateaux y rencontrent une grande résistance. Pour toutes ces raisons, la rame journalière ne peut guère comprendre pratiquement plus de vingt-cinq à trente bateaux chargés. On a pu atteindre exceptionnellement trente-cinq.

Les écluses n'ont qu'une profondeur de $2^m 00$, de sorte que les bateaux chargés à $1^m 80$ d'enfoncement éprouvent la plus grande difficulté pour y entrer et en sortir, malgré la présence des aqueducs d'échappement. La plupart des écluses ont sur leur tête aval un pont fixe qui intercepte le halage. Dans ces conditions, le passage des bateaux aux écluses ne se fait que fort lentement et une éclusée double, comprenant une montée et une descente exige environ trois quarts d'heure. On n'en peut faire au plus que trente-deux dans une journée de vingt-quatre heures.

Il faut donc considérer le chiffre de trente bateaux par jour dans chaque sens, comme représentant, en chiffre rond, la limite de la capacité de la voie navigable dans son état actuel. Or ce chiffre est souvent atteint.

Le raisonnement qui consiste à dire que si le trafic du canal de Saint-Quentin reste stationnaire, c'est qu'il est arrivé à son maximum, se trouve ainsi d'accord avec les faits et confirmé par eux.

Cette conclusion va d'ailleurs être bientôt susceptible d'être vérifiée par l'expérience.

Les droits de navigation sur les canaux et rivières viennent d'être supprimés et cette mesure aura pour conséquence de faire baisser de 1 fr. environ le prix du fret de la houille entre le Nord et Paris.

On devrait donc s'attendre à voir les transports par eau augmenter par suite de cette diminution, plus rapidement qu'autrefois. Ce résultat s'observera peut-être sur la plupart des voies navigables, mais il ne se produira certainement pas sur celle de Mons à Paris. Le trafic continuera à y rester stationnaire, comme il le fait depuis près de vingt ans.

La concurrence au chemin de fer n'existe plus.

Du moment que le trafic de la voie d'eau ne peut plus augmenter, le chemin de fer est assuré, quel que soit le tarif qu'il adoptera, d'avoir tout l'excédant; et alors, la concurrence que l'on veut établir entre ces deux modes de transport, et qui seule peut empêcher le relèvement des tarifs du chemin de fer, n'existe plus en réalité.

Nécessité d'une nouvelle voie navigable.

Insuffisance d'une amélioration de la voie navigable actuelle.

Une nouvelle voie navigable entre le bassin houiller et Paris est d'une absolue nécessité, tant pour faire face aux besoins croissants du trafic, que pour maintenir les transports à bon marché.

L'amélioration de la voie actuelle, si complète qu'on la suppose réalisée, ne donnerait qu'une solution imparfaite.

On arriverait peut-être à doubler son trafic en doublant toutes les écluses, en élargissant le bief de partage de manière à ce que le croisement des bateaux puisse s'effectuer partout en dehors des souterrains, et en exécutant un certain nombre de travaux importants, tels que le doublement du chemin de halage qui n'existe que sur une seule rive, l'élargissement de la cunette dans les courbes, l'adoucissement des courbes brusques très-nombreuses, l'élargissement des ponts, le perreyage des berges, etc.

Mais l'exécution de ces perfectionnements n'aurait qu'une influence minime sur le prix du fret. Ils n'apporteraient en effet aucun remède aux défauts principaux de la voie navigable : sa grande longueur résultant des sinuosités nombreuses qu'elle décrit et de sa position excentrique par rapport au bassin houiller, le grand nombre de ses écluses et leur disposition défectueuse produite par les ponts placés sur leur tête aval, lesquels interrompent le halage sur le point où il est le plus nécessaire.

Sa situation excentrique par rapport au bassin houiller.

Si on se reporte à la carte ci-jointe, on voit que le canal de Saint-Quentin, dirigé vers Cambrai et Bouchain, se trouve tout-à-fait à l'extrémité orientale du bassin houiller. Il dessert convenablement la concession d'Anzin et le groupe dont elle est le centre; mais l'important bassin du Pas-de-Calais s'en trouve fort éloigné. Les houilles qui en proviennent et qui s'embarquent entre Béthune et Douai doivent, à partir de ce dernier point, se diriger vers l'Est par le canal de la Sensée, avant d'atteindre près de Bouchain la voie navigable se dirigeant vers Paris. Elles sont donc astreintes à un détour considérable.

Importance relative des transports de houille du Pas-de-Calais. Les houilles du Pas-de-Calais, auxquelles on impose ce surcroît de parcours, représentent un tonnage égal et même supérieur à celui des houilles du Nord. Pendant l'année 1878, il est passé sur l'Escaut navigable, en amont du canal de la Sensée et se dirigeant vers Paris, 1,004,178 tonnes de houilles françaises dont 481,396 ou 48 p. % venant du bassin d'Anzin et 522,682 ou 52 p. % du canal de la Sensée, c'est-à-dire de la portion du bassin qui se trouve au Nord-Ouest de Douai.

L'emplacement de la voie navigable s'explique par l'époque à laquelle elle a été construite. Au commencement de ce siècle, le bassin houiller se bornait à la concession d'Anzin et la vallée de l'Escaut était naturellement indiquée comme celle qu'il y avait lieu d'emprunter pour établir le canal destiné à mettre ce bassin en communication avec la vallée de l'Oise qui descend vers Paris.

Les conditions sont différentes aujourd'hui. Le bassin du Pas-de-Calais, dont l'exploitation n'a commencé qu'en 1851, a pris un développement inattendu. Venu le dernier, il se trouve aujourd'hui à la tête de la production française, dépassant tous ses aînés, et laissant derrière lui le bassin d'Anzin.

Les immenses travaux de premier établissement entrepris dans ces dernières années, qui représentent une dépense moyenne de près de dix millions par an et qui assurent la continuation de son développement auront pour effet de lui donner sur Anzin avant quelques années une prépondérance absolument incontestable.

Direction à donner à la nouvelle voie. Ce n'est donc plus vers Anzin que devrait tendre la voie navigable à exécuter entre les houillères et Paris, mais vers le bassin du Pas-de-Calais dont le centre se trouve près de Lens. Le bassin du Pas-de-Calais a une importance suffisante pour motiver l'exécution, en sa faveur, d'une voie spéciale, analogue à celle qui a été ouverte pour le bassin d'Anzin, au commencement du siècle.

Toutefois, il ne s'agit pas ici de favoriser l'un des bassins en négligeant l'autre. Ce que l'on doit chercher, c'est de faciliter le transport des houilles, quelle que soit leur provenance et, pour cela, il faut simplement ne pas les obliger à faire des parcours trop longs et inutiles.

Une voie navigable aboutissant au centre du bassin vers Douai ou Arleux satisfera à cette condition, si, de ce point de départ, elle tend le plus directement possible vers la vallée de l'Oise et vers Paris, tandis que la voie actuelle même améliorée laisserait toujours le Pas-de-Calais, c'est-à-dire la partie la plus importante du bassin, dans un état d'infériorité irrémédiable en ce qui concerne les transports vers Paris.

Sinuosités
de la
ligne actuelle

Si la position excentrique de la voie navigable par rapport au bassin houiller constitue déjà une très-grave imperfection, ses nombreuses sinuosités n'en sont pas une moindre.

La vallée de l'Escaut qui a été choisie pour établir le canal de St-Quentin, parce qu'elle aboutissait à Anzin, présente dans sa partie supérieure, des méandres que le canal a dû suivre et qui en allongent outre mesure le parcours. Il en est de même, à un degré moindre, de la vallée de la Somme entre Lesdins et St-Simon. Enfin, la jonction de la vallée de la Somme à celle de l'Oise s'est faite par le canal Crozat, dont la direction, de St-Simon à Fargniers, est presque à angle droit sur celle que doivent suivre les houilles.

Il résulte de là que la voie navigable actuelle développe de Cambrai à Noyon, un parcours de 111 kilomètres, alors qu'à vol d'oiseau, la distance n'est que de 70 kilomètres au plus, et c'est là un inconvénient que tous les perfectionnements de détail que l'on pourra y apporter ne feront pas disparaître.

Défectuosités
des écluses
du canal
de Saint-Quentin.

Enfin, presque toutes les écluses du canal de Saint-Quentin portent sur leur tête aval un pont fixe qui intercepte le halage. La plupart de ces ponts donnent passage à des chemins importants qu'il serait difficile, sinon impossible, de supprimer ou de dévier. C'est donc encore là une imperfection qu'il faut accepter comme inévitable avec la voie navigable actuelle, et ce n'est pas une des moins importantes, si l'on considère que les écluses, à l'entrée desquelles le halage est ainsi rendu impossible, n'ont en même temps que 2^m00 de profondeur, et ne permettent par conséquent l'entrée des bateaux à 1^m80 d'enfoncement, qu'au prix de très-grands efforts de traction.

Résultats
de l'amélioration
de la
ligne actuelle.

On pourrait donc, en améliorant la voie navigable actuelle, la mettre en mesure de livrer passage à un nombre de bateaux plus considérable, et peut-être même double de celui d'aujourd'hui, mais on n'arrivera pas à y faire baisser sensiblement le prix du fret entre le Nord et Paris. Or c'est là le but principal qu'il s'agit d'atteindre.

Nécessité
de diminuer
le
prix du fret.

On vient de voir que très probablement la région de la Seine consommera dans quinze ou vingt ans, huit millions de tonnes et la région intermédiaire quatre millions de tonnes de houille. Dans ce chiffre, le bassin houiller du Nord et du Pas-de-Calais fournira une part d'autant plus grande qu'il pourra y arriver à plus bas prix. Si le prix du fret ne s'abaisse pas entre le Nord et Paris, l'importation anglaise, favorisée par les travaux d'approfondissement de la Seine, augmentera et prendra une place qui, pour bien des motifs, aurait dû être réservée à nos produits nationaux.

Nécessité
d'une
nouvelle voie
navigable.

La nécessité d'une nouvelle voie navigable résulte donc non-seulement de l'accroissement des besoins de l'industrie auxquels il pourrait être donné satisfaction par le doublement de la ligne actuelle, mais encore et surtout de la nécessité d'obtenir, dans le prix du fret des houilles, une réduction importante, qui permette aux producteurs français de conserver la part qu'ils ont prise dans la consommation nationale, et à la nation tout entière de ne pas augmenter le tribut qu'elle paye à l'étranger pour se procurer le combustible qu'elle peut trouver chez elle.

Un nouveau canal, entre le Nord et Paris, est donc nécessaire. On verra, dans la suite de ce travail, à quelles conditions son exécution est possible. Mais auparavant il convient de dire quelques mots du trafic qu'il sera appelé à desservir.

Trafic probable du nouveau canal.

Quantités de houille à exporter du Nord et du Pas-de-Calais. — Comme on vient de le voir, la consommation de la houille de la région desservie par le canal, en dehors du bassin houiller, arrivera prochainement au chiffre de douze millions de tonnes. C'est faire une très-large part à l'importation étrangère que de supposer qu'elle atteindra, dans cette région, deux millions de tonnes. En admettant le même chiffre pour les autres bassins français, c'est un débouché de huit millions de tonnes par an qui reste assuré aux houilles du Nord et du Pas-de-Calais en dehors des deux départements producteurs.

Parts proportionnelles du chemin de fer et des canaux. — Ces huit millions de tonnes se répartiront entre le chemin de fer et la voie d'eau. Il y a toute raison de supposer que la proportion actuelle d'environ 35 pour cent pour le canal et de 65 pour cent pour le chemin de fer sera notablement modifiée par suite des facilités nouvelles données à la batellerie et de la diminution du prix du fret.

Il paraît même probable que la proportion se renversera pour les expéditions à grande distance, et qu'elle atteindra la moitié pour celles de la région intermédiaire.

Dans tous les cas c'est faire une évaluation extrêmement modérée que d'admettre, en moyenne, la proportion de 40 pour cent à peine supérieure à celle d'aujourd'hui.

C'est donc un tonnage de 3,200,000 tonnes de houilles françaises que l'on doit considérer comme assuré à la voie navigable. Il faut ajouter à ce chiffre la houille belge du bassin de Mons, qui figure aujourd'hui pour 400,000 tonnes dans le trafic du canal et qui continuera sans doute encore pendant longtemps à pénétrer en France. Si l'on admet que le chiffre actuel soit maintenu, le tonnage total des houilles s'élèvera à 3,600,000 tonnes

Autres marchandises — Mais la houille n'est pas la seule marchandise qui soit transportée sur les canaux, bien qu'elle constitue l'élément le plus important du trafic.

Aujourd'hui, pour une circulation de 1,400,000 tonnes de houille, qui entrent dans le canal de Saint-Quentin, ce canal présente un tonnage absolu de 2.700,000 tonnes.

Or, le développement de la consommation houillère a pour conséquence forcée l'augmentation de la circulation des autres marchandises, et l'on peut admettre que la proportion de ces marchandises restera, par rapport à la houille, ce qu'elle est aujourd'hui. Alors, le tonnage absolu de la nouvelle voie s'obtiendra en augmentant le chiffre actuel dans le rapport 3,600,000 à 1,400,000, c'est-à-dire dans le rapport de 18 à 7 et sera par conséquent de 7,000,000 de tonnes.

Répartition entre les deux voies navigables parallèles. Ces marchandises se répartiront entre les deux voies navigables, l'ancienne et la nouvelle. Celle-ci aura la totalité du transit des houilles provenant du bassin du Pas-de-Calais, et une partie seulement de celles du bassin d'Anzin.

Le reste des houilles d'Anzin et la plus grande partie des houilles belges continueront à passer par le canal de St-Quentin.

Les deux lignes auront d'ailleurs, chacune, les transports desservant la consommation locale qui ne tarderont pas à prendre la même importance sur la nouvelle que sur l'ancienne.

En tenant compte de la supériorité du bassin du Pas-de-Calais sur celui d'Anzin, on serait porté à admettre pour la ligne nouvelle un trafic plus élevé que pour l'autre. On restera au-dessous de la vérité en admettant que les transports se répartissent également entre les deux voies.

Le canal projeté peut donc compter, dans la partie correspondante au canal de St-Quentin, sur un tonnage absolu de 3 millions et demi de tonnes et cela en ne tenant compte que de l'accroissement régulier et normal de l'industrie.

Causes d'accroissement du trafic.
—
Transports vers l'Est. On n'a pas considéré, en effet, les causes qui pourraient produire un accroissement plus rapide du trafic. Il y a un fait qui ne peut être passé sous silence et qui paraît de nature à donner une grande impulsion au transport des houilles sur le nouveau canal. C'est la construction du canal de l'Oise à l'Aisne, qui ouvrira aux houilles du Nord un nouveau débouché vers l'Est.

Le canal projeté d'Arleux à Péronne mettra le bassin du Pas-de-Calais en communication directe avec cette nouvelle voie.

Il s'expédie aujourd'hui par l'Aisne dans la direction de l'Est environ 300,000 tonnes de houille (286,959 t. en 1878). Le nouveau canal de l'Oise à l'Aisne, en supprimant la navigation en rivière et diminuant le prix du fret, aura certainement une influence considérable sur le développement des transports dans cette direction et, en raison de cette circonstance, on peut espérer un développement plus rapide que celui qui résulterait du simple accroissement de l'activité industrielle.

Transports au-delà de Paris. On peut en dire autant des transports de houille au-delà de Paris. Jusqu'à présent les houilles expédiées par eau n'ont pas dépassé Paris. Mais on est en droit d'espérer que lorsque le prix du fret sera abaissé notablement entre le

Nord et Paris et lorsque les voies navigables du centre de la France seront aménagées de manière à recevoir les bateaux du Nord, il n'en sera plus ainsi. Les transports par eau prendront une plus grande importance et s'accroîtront proportionnellement plus vite que la consommation.

Tonnage probable
du
nouveau canal.

Pour toutes ces raisons, le chiffre de 3.500,000 tonnes, comme tonnage du canal projeté, doit être considéré comme un minimum, et la commission d'études qui, sur les avis des intéressés, a admis le chiffre rond de quatre millions de tonnes n'était pas éloignée de la vérité.

Cette évaluation s'applique à la partie du canal correspondante au canal de Saint-Quentin, c'est-à-dire comprise entre le bassin houiller et le département de l'Oise.

Au delà le trafic total diminuera comme aujourd'hui, de toute la quantité de houille déchargée sur le parcours et l'ensemble des marchandises transportées par les deux voies parallèles au lieu d'être de sept millions de tonnes, comme à l'origine, descendra peut être à cinq ou à quatre millions.

Mais, dans cette seconde partie, où le canal nouveau doublera l'Oise et la Seine, il présentera, par rapport à ces rivières canalisées, des conditions tellement supérieures, au point de vue de la circulation des bateaux, qu'il prendra non plus seulement la moitié, mais la presque totalité du trafic.

Un mouvement de près de quatre millions de tonnes est donc assuré sur toute la longueur du nouveau canal.

Le raisonnement qui précède suppose simplement que la production de la houille, dans le bassin du Nord et du Pas-de-Calais, et la consommation de ce combustible dans la région intéressée à la construction du canal atteindront un jour un chiffre double de celui d'aujourd'hui. D'après l'expérience du passé on est en droit d'espérer que ce fait se produira dans un délai inférieur à quinze ans, c'est-à-dire quelques années seulement après que le canal à construire aura pu être entièrement terminé et livré à la navigation.

Contesterait-on ce délai, que l'on ne saurait se refuser à admettre un accroissement régulier et constant de l'activité industrielle. Tout au plus pourrait-on objecter que le trafic de quatre millions de tonnes, ne se réalisera pas dans quinze ans, mais peut-être seulement dans vingt ou vingt-cinq. Mais il serait impossible de nier que du jour où ce canal sera ouvert, il sera le plus fréquenté de la région du Nord et par suite du territoire français.

Faut-il supposer, au contraire, que le développement de l'industrie s'arrêtera lorsqu'il aura atteint le double de ce qu'il est aujourd'hui ? Cela paraît inadmissible. La substitution de la force mécanique à la force musculaire de l'homme ou des animaux, si complète qu'elle nous paraisse, est encore presque à son début. Un siècle à peine nous sépare des premières applications vraiment usuelles de la vapeur d'eau. Chaque jour amène un progrès et chaque progrès, dans cette voie, se traduit par une augmentation dans la consommation du combustible.

Il serait bien téméraire d'assigner dès maintenant une limite à cette consommation et d'admettre qu'elle cessera de s'accroître lorsqu'elle aura encore doublé.

D'un autre côté tout semble indiquer une prochaine et profonde révolution dans l'industrie des transports.

Après avoir été négligés outre mesure en faveur des chemins de fer, les canaux sortent de l'oubli.

Construits à une époque où les routes étaient les seules voies de communication, ils pouvaient, même avec des dispositions incommodes et primitives, rendre de grands services. Les conditions sont différentes aujourd'hui et ce qui pouvait être acceptable avant les chemins de fer n'est plus suffisant pour les besoins actuels de l'industrie. Les canaux sont, en fait, dans un état d'imperfection et d'infériorité qui s'explique par l'abandon dans lequel ils ont été laissés pendant près d'un demi-siècle, mais qui n'est rien moins que favorable à l'économie des transports. Beaucoup d'années sans doute seront nécessaires pour les transformer, les perfectionner et les mettre à la hauteur de leur destination. La loi du 5 août 1879, en uniformisant les dimensions des écluses et le tirant d'eau des lignes principales, a déjà fait un grand pas dans cette voie, et son exécution seule aura des conséquences qu'il est difficile de prévoir.

Il est établi et admis que le fret, sur des canaux en bon état de navigabilité et de dimensions analogues à celles qui sont fixées par cette loi, peut descendre à un centime par tonne kilométrique et même au-dessous.

Que se passera-t-il lorsque des bateaux faisant un service régulier, transporteront des marchandises de Dunkerque à Marseille, au prix de dix francs par tonne et dans un délai qui pourra être inférieur à trente jours?

N'est-on pas en droit de supposer que toutes les marchandises encombrantes et de peu de valeur reprendront la voie d'eau qu'elles avaient quittée à cause de ses imperfections, attirées d'ailleurs vers les chemins de fer par les avantages de régularité et de promptitude que les canaux ne pouvaient leur assurer.

Les voies ferrées n'auront plus alors à transporter à grande distance que les marchandises plus précieuses et moins lourdes dont la quantité, augmentant avec le développement de l'industrie et de la richesse publique, compensera la diminution produite par la concurrence des voies navigables.

Pour toutes ces raisons, on doit admettre que le chiffre de quatre millions de tonnes indiqué pour le trafic du nouveau canal n'est qu'une étape plus ou moins prochaine, destinée à être bientôt dépassée.

DEUXIEMÉ PARTIE.

DESCRIPTION TECHNIQUE ET JUSTIFICATION DES PRINCIPALES DISPOSITIONS DU PROJET.

Direction générale du canal.

Comme on l'a dit au commencement de ce travail, la direction générale à adopter pour le canal a été fixée, à la suite de l'étude sommaire du 28 février 1879, par un avis du Conseil général des Ponts-et-Chaussées, communiqué aux ingénieurs le 28 mai suivant.

Sans revenir ici sur une question jugée, il n'est-peut être pas inopportun de rappeler brièvement dans quelles conditions cette décision a été prise.

Tracés indiqués par la Commission d'études.

La commission d'études avait indiqué deux tracés : l'un passant par Amiens et Beauvais, l'autre par Amiens, Breteuil et Clermont.

Troisième tracé entre Creil et Amiens.

Ces deux tracés ne diffèrent que dans la partie comprise entre Creil et Amiens. On reconnut bientôt la possibilité de suivre entre les mêmes points, une nouvelle direction au moins aussi avantageuse que les deux premières, en passant par Saint-Just et Montdidier.

L'adoption de l'une quelconque de ces trois directions supposait que le canal passerait par Amiens et la vallée de l'Ancre.

Nouvelle direction proposée.

Or, si, sur une carte, on trace une ligne droite entre Douai, considéré comme le centre du bassin houiller, et Paris, cette ligne s'écarte très notablement d'Amiens, elle rencontre la vallée de la Somme tout près de Péronne. On pouvait donc, en se dirigeant vers Péronne, passer de la Sensée dans la Somme sans s'écarter sensiblement de la direction générale à suivre. C'était un premier avantage.

Mais c'est à partir de la vallée de la Somme que la direction par Péronne présente sur les autres une incontestable supériorité.

Entre Amiens et Creil s'étendent de hauts plateaux crayeux au-dessus desquels le chemin de fer a pu s'élever par des pentes savamment ménagées sur les deux versants, mais qui sont, on peut le dire, à peu près infranchissables pour un canal.

L'étude sommaire a montré qu'un canal ouvert suivant l'une quelconque des directions indiquées exigerait un grand nombre d'écluses, des biefs très courts, et un souterrain de dix à douze kilomètres de longueur. De pareilles conditions équivalent à une impossibilité.

La traversée de la Somme à Péronne s'effectue à une altitude supérieure de vingt-cinq mètres environ à celle que l'on est obligé d'atteindre pour passer par Amiens. C'est autant de moins à descendre en venant du Nord et à remonter pour passer de la Somme dans l'Oise. D'un autre côté le plateau crayeux dont on vient de parler n'existe plus entre Ham et Noyon et le faîte séparant la Somme de l'Oise y présente une dépression éminemment favorable au passage du canal qui peut s'effectuer à ciel ouvert et beaucoup plus bas qu'entre Amiens et Creil.

Une fois arrivé à Noyon, dans la vallée de l'Oise, le tracé du canal devient des plus faciles, il n'a qu'à suivre la pente naturelle de la vallée.

Ses avantages.

Le tracé par Péronne est donc plus court que les autres, parce qu'il s'écarte moins de la direction générale à suivre. Il exige un moins grand nombre d'écluses puisque les différences de niveau à racheter pour traverser la vallée de la Somme et pour passer de cette vallée dans l'Oise sont beaucoup moins prononcées. Enfin, il coûte infiniment moins cher, d'abord à cause de la diminution du nombre des ouvrages, et surtout à cause des facilités rencontrées à la traversée du faîte entre la Somme et l'Oise.

Avis
du conseil général
des
Ponts-
et-Chaussées.

Aussi, dans sa délibération, transmise aux ingénieurs le 28 mai 1879, le Conseil des Ponts-et-Chaussées a-t-il reconnu « que la préférence accordée « par MM. les ingénieurs au tracé par Marquion et Péronne repose sur des « raisons péremptoires. »

Et a-t-il été d'avis

« Que sur les quatre tracés étudiés, il convient d'écarter les trois premiers « et de ne retenir, pour en faire l'objet d'études plus approfondies que le « quatrième, lequel commençant à la Haute-Deûle près Noyelle-Godault « passe par ou près Arleux, Péronne, de Ham à Noyon et de Méry-sur-Oise « pour aboutir à Paris au bassin de la Villette. »

Extension
du programme.

En même temps qu'il s'est prononcé sur la direction à adopter, le Conseil général des Ponts-et-Chaussées a invité les Ingénieurs :

A comprendre dans leur estimation les dépenses à faire, soit sur le canal de la Somme entre Péronne et Ham soit sur le canal latéral à l'Oise et l'Oise canalisée pour harmoniser les diverses sections de la nouvelle ligne du Nord à Paris.

A étudier en même temps ce que coûterait le prolongement du canal latéral à l'Oise de Janville à Méry-sur-Oise.

Le projet ainsi complété comporte, en fait, la création d'une voie navigable nouvelle entièrement distincte de la ligne actuelle, entre la Deûle et le le canal Saint-Denis, à l'exception d'une faible longueur empruntée au canal latéral à l'Oise, commune aux deux lignes et qui sert de jonction entre elles.

C'est le projet défini comme il vient de l'être dont on va commencer la description.

***

Tracé.

Points principaux
du tracé.

Le tracé étudié part du canal de la Haute-Deûle, près de Noyelle-Godault à 250 mètres environ de la limite de la commune de Courcelles-lès-Lens (Pas-de-Calais) et celle d'Auby (Nord); il se dirige presque en ligne droite vers le confluent de la Scarpe navigable et du canal de la Sensée, à Courchelettes; il emprunte le canal de la Sensée jusqu'à Arleux, où il s'en détache pour remonter la vallée de l'Agache en passant près de Marquion, et traverser, entre Hermies et Havrincourt, un contrefort qui sépare cette vallée de celle du Riot des Monts affluent de l'Escaut, dont il suit le thalweg jusqu'à Ruyaulcourt.

A Ruyaulcourt, il passe du versant de l'Escaut dans celui de la Somme par un souterrain de 4,544 mètres de longueur qui débouche près d'Etricourt dans la vallée de la Tortille, descend cette vallée, traverse la Somme non navigable par un pont-canal et vient rejoindre le canal de la Somme, près de la ferme de Bazincourt, à deux kilomètres environ de l'Ouest de Péronne.

Il emprunte le canal de la Somme jusqu'à Canisy, à trois kilomètres de Ham, où il le quitte pour suivre la vallée du cours d'eau l'Allemagne, et passer du versant de la Somme dans celui de l'Oise.

Le bief de partage de cette section, qui s'étend d'Esmery-Hallon à Tirlancourt près de Guiscard, est mis en communication avec le bief supérieur de Ham du canal de la Somme, par une rigole servant à l'alimentation, mais de dimensions suffisantes pour permettre le passage des bateaux.

Cet embranchement, ouvert de niveau entre les deux biefs qu'il réunit, permettra aux bateaux venant du canal de St-Quentin d'atteindre le nouveau canal sans descendre le canal de la Somme jusqu'à Canisy et sans passer par Fargniers et Chauny.

Le tracé arrive dans la vallée de la Verse, près de Guiscard, la descend jusqu'à près de Noyon et se dirige presque en ligne droite vers Sempigny, où il rencontre le canal latéral à l'Oise qu'il emprunte jusque près de Janville. Un peu en amont de l'écluse de Janville, il s'en détache pour passer sous le chemin de fer du Nord et suivre la vallée de l'Oise en se maintenant sur la rive droite de la rivière jusqu'en face du village de Mériel où il s'infléchit pour traverser la rivière sur un pont-canal, et suivre la rive gauche jusque près du hameau de Vaux dépendant de la commune de Méry-sur-Oise.

Il se dirige ensuite vers Pierrelaye, puis presqu'en ligne droite vers St-Denis par Franconville et St-Gratien. Il contourne la ville de St-Denis, passe entre elle et le fort de l'Est et vient aboutir au canal St-Denis, immédiatement en aval de la huitième écluse de ce canal.

Aux abords du hameau de Vaux, un petit embranchement établit une communication de ce tracé avec l'Oise canalisée.

Proportion des courbes et des alignements. — Dans la détermination du tracé qui vient d'être décrit depuis Courcelles-lès-Lens jusqu'à St-Denis, on s'est attaché le plus possible à diminuer le nombre et la longueur des courbes et à augmenter leur rayon. Si l'on fait abstraction des parties empruntées au canal de la Sensée au canal de la Somme et au canal latéral à l'Oise, on trouve que, dans la longueur totale de 186,704 mètres, les alignements figurent pour 144,559 mètres ou 77,5 p. %, et les courbes pour 42,145 mètres ou 22,5 p. % seulement. La plus grande partie des courbes a pu être tracée avec un rayon supérieur à 500 mètres. Sur quelques points exceptionnels on a dû descendre à 350 et même à 300 mètres, mais cette limite inférieure n'a jamais été dépassée.

Inconvénients des courbes. — La présence des courbes et surtout des courbes à faible rayon dans un canal constitue pour le mouvement des bateaux une gêne dont on ne paraît pas avoir toujours tenu un compte suffisant. De pareils obstacles peuvent être tolérés sur des lignes à faible trafic, mais on ne saurait sous aucun prétexte les admettre sur les canaux à grande fréquentation.

Longueur totale du tracé. — Le tracé étudié présente une longueur totale de 235,710 mètres dont 49,006 mètres empruntés aux voies existantes qui devraient subir quelques améliorations.

Cette longueur se répartit comme il suit :

DÉSIGNATION DES SECTIONS.	LONGUEURS		OBSERVATIONS.
	à construire.	empruntées aux voies actuelles	
	mètres.	mètres.	
Courcelles-lès-Lens à Courchelettes	9.600	»	
Courchelettes à Arleux...............	»	8.886	
Arleux à Péronne..................	48.454	»	
Péronne à Ham.	»	25.360	(A) Ligne principale de Ham à Noyon 24,150
Ham à Noyon....................	31.010 (A)	»	Embranchement de Sommette à Esmery-Hallon.............. 6,880
Noyon à Janville	»	14.760	TOTAL.......... 34,010
Janville à Méry-sur-Oise.............	75.800	»	
Méry-sur-Oise à St-Denis.............	24.840 (B)	»	(B) Cette longueur comprend 680 mètres pour la descente à l'Oise près de Méry.
TOTAUX.............	186.704ᵐ.	49.006ᵐ.	

On peut, au moyen de ces chiffres, calculer les longueurs des divers parcours et les comparer à celles de la voie actuelle. Les résultats de ce calcul sont résumés dans le tableau F, page 82. On y voit que, par le nouveau canal, la distance de Pont-à-Vendin à la Villette sera de. . .   246,795 m.

alors qu'elle est aujourd'hui de.   343,960

et que l'économie de parcours sera par conséquent de. . . .   97,165 m.

pour tout le bassin houiller du Pas-de-Calais.

La distance de Denain à Paris qui est de. . . . .   301,910 m.

sera réduite à.   240,653

et le bassin du Nord profitera d'une économie de parcours de.   61,257 m.

Les deux bassins du Nord et du Pas-de-Calais seront, au point de vue des expéditions sur Paris, dans des conditions à peu près équivalentes [1].

Comparaison avec les distances par chemin de fer. La comparaison avec les distances par chemin de fer donne lieu à une remarque intéressante.

Le point de départ du canal à Courcelles-lès-Lens, au centre du bassin houiller, est voisin de la station de Leforest, sur le chemin de fer du Nord (Ligne de Douai à Lille), de même que le bassin de la Villette est voisin de la gare du Nord à Paris.

La distance par chemin de fer de Leforest à Paris est de 225 kilomètres; celle de Courcelles-lès-Lens à la Villette, par le canal projeté, sera de 233 kilomètres.

La distance de Leforest à Creil par chemin de fer est de 174 kilomètres, tandis que la distance de Courcelles-lès-Lens à Creil par le canal ne sera que de 168 kilomètres. Le canal, jusqu'à Creil, est donc plus court de 6 kilomètres que le chemin de fer.

Cet avantage est perdu entre Creil et Paris. Le chemin de fer de Creil à Paris par Chantilly n'a que 51 kilomètres de longueur, tandis que le canal obligé de passer par Méry-sur-Oise, on aura 65 de Creil à la Villette.

---

[1] Le même tableau montre que la distance de Pont-à-Vendin à Amiens qui est aujourd'hui de 226,964 mètres, sera réduite à 185,594 mètres ; que la distance de Denain à Amiens descendra de même de 184,914 à 129,452 m. et que, par suite, la construction du canal aura pour effet de diminuer de 91,370 mètres la distance d'Amiens aux houilles du Pas-de-Calais, et de 55,462 mètres sa distance aux houilles du Nord.

Le simple rapprochement de ces chiffres et de ceux qui précèdent montre qu'au point de vue des abréviations de parcours, Amiens est aussi bien partagé que Paris. Cela suffit pour faire justice de l'opinion qui voudrait soutenir que le choix du tracé du canal a pour effet de sacrifier et même de négliger les intérêts de la ville d'Amiens.

Profil en long.[1]

Le canal, pour suivre le tracé qui vient d'être décrit, doit passer successivement de la vallée de la Deûle dans celles de la Scarpe, de la Sensée, de la Somme, de l'Oise et enfin de là Seine. Il doit pour cela franchir quatre faîtes principaux, indépendàmment des contreforts secondaires.

Premier faîte. — Le premier, entre la Deûle et la Scarpe, n'est qu'un pli de terrain sans importance et ne motive pas la formation d'un bief de partage. La partie du canal comprise entre ces deux rivières peut être établie suivant un seul versant de la Scarpe vers la Deûle.

Second faîte. — Le second faîte, entre la Sensée et la Somme, est de beaucoup le plus important. Il sépare les eaux qui se dirigent vers la mer du Nord par l'Escaut et ses affluents de celles qui se rendent dans la Manche par la Somme et la Seine, et c'est sa traversée qui constitue la principale, sinon la seule difficulté de l'exécution du canal.

La question capitale est celle de l'altitude à adopter pour le bief de partage.

Altitude du bief de partage. — Au point où il doit être traversé par le canal, le faîte a son point culminant à l'altitude de 128^m00 du nivellement général de la France, et se maintient à une altitude supérieure à 120^m00 sur près de 3 kilomètres. Pour passer à ciel ouvert et n'avoir pas une tranchée d'une dimension exagérée, il aurait fallu mettre le bief de partage à l'altitude 110^m00 environ. On aurait dû, pour atteindre cette hauteur, multiplier les écluses sur chaque versant et réduire les biefs supérieurs et le bief de partage lui-même à une faible longueur. L'alimentation du canal aurait été extrêmement difficile.

Le bief de partage du canal de S-Quentin, qui franchit le même faîte à 20 kilomètres de distance environ est établi à l'altitude 83.50. On a jugé nécessaire de projeter celui du nouveau canal à trois mètres environ plus bas et l'on a été amené à adopter, pour ce dernier, la cote 80.50. Le faîte ne peut alors être traversé qu'en souterrain, et en admettant que cet ouvrage soit construit partout où la tranchée atteindrait une profondeur supérieure à vingt mètres, il aurait une longueur de 4,544 mètres; aux abords du souterrain du canal de St-Quentin, la profondeur des tranchées atteint vingt-six mètres, et si l'on adoptait cette limite, la longueur du souterrain serait réduite à moins de quatre kilomètres.

---

[1] Voir à la fin la planche spéciale qui représente le profil en long.

A l'altitude à laquelle il est projeté, le bief de partage a une longueur de 19,914 mètres, c'est-à-dire presqu'égale à celle du bief de partage du canal de Saint-Quentin, qui est de 20,399 mètres.

Troisième faîte. — Le troisième faîte, entre la Somme et l'Oise, est peu accentué. Son point culminant est à l'altitude 88^{m}70. On a cherché à le traverser en se réservant la possibilité d'écouler vers l'Oise les eaux du canal de la Somme. On y est parvenu en établissant le bief de partage au niveau du bief supérieur de Ham et en le reliant à ce bief par une rigole d'alimentation à laquelle on a donné des dimensions suffisantes pour la rendre navigable. Le bief de partage du canal, le bief supérieur de Ham et la rigole d'alimentation navigable qui les réunit forment, en réalité, un bief unique d'une longueur totale de plus de 15 kilomètres à l'altitude 63^{m}40.

A partir de Noyon, le canal descend la vallée de l'Oise jusqu'en face d'Anvers où il atteint son point le plus bas à l'altitude de 27^{m}00.

Quatrième faîte. — Le canal doit enfin franchir, entre l'Oise et la Seine, le quatrième faîte dont l'altitude au point culminant du tracé est de 67^{m}90.

L'altitude à adopter pour le bief de partage n'est déterminée ici que par la condition de passer à ciel ouvert avec une tranchée d'une profondeur acceptable. On a admis comme profondeur maximum 18^{m}90, ce qui a conduit à placer le bief de partage à la cote 49^{m}00 et à lui donner une longueur de 11,700 mètres.

Chûte des écluses. — La plupart des écluses projetées sur les parties à construire ont une chute voisine de quatre mètres.

Longueur des biefs les plus courts. — La déclivité des vallons suivis par le canal est tellement prononcée que même en adoptant ce chiffre on a dû avoir des biefs très-courts. Ce n'est qu'à grand'peine qu'on est arrivé, dans la descente de la vallée de la Tortille, à donner aux biefs une longueur de 500 mètres, y compris celle de l'écluse.

Dans la montée entre l'Oise et Pierrelaye, les biefs n'ont que 400 mètres de longueur, y compris celle de l'écluse.

Convenance d'employer des appareils spéciaux. — De pareilles conditions sont essentiellement favorables à l'établissement d'appareils permettant de faire franchir d'un seul coup aux bateaux de grandes différences de niveau, et l'emploi d'appareils de cette nature se trouverait parfaitement motivé.

Mais ces appareils sont encore peu usités. Celui dont le fonctionnement paraît de beaucoup le plus simple et le plus pratique est celui qui existe à Anderton (Angleterre), entre le canal de Trent-et-Mersey et la rivière Weaver. Il n'est construit que pour des bateaux d'un faible tonnage.

Mais l'on va faire l'application d'un appareil analogue à l'écluse des Fontinettes, sur le canal de Neuf-Fossé, pour des bateaux de 300 tonnes.

Si cette expérience, comme tout le fait présumer, donne des résultats satis-
faisants, il n'y aura aucune raison pour limiter à ce seul point l'emploi d'un
procédé aussi commode, et il sera tout naturel de l'étendre aux canaux à
construire qui doivent racheter, sur une faible longueur, de grandes différences de niveau. comme les sections du canal du Nord comprises entre
Marquion et Péronne d'une part, entre l'Oise et Pierrelaye de l'autre.

Possibilité de cet emploi

Dans chacune de ces deux sections il serait extrêmement facile d'accu-
muler sur un même point des chutes de quinze à seize mètres qui pourraient
être franchies d'un seul coup par un ascenseur hydraulique. On diminuerait
ainsi le nombre des écluses et des points d'arrêt des bateaux ; on augmen-
terait la longueur des biefs et surtout on réduirait à presque rien la consommation d'eau, ce qui, eu égard aux difficultés de l'alimentation, serait d'une
importance capitale.

Il est donc à désirer que l'expérience de l'écluse des Fontinettes soit faite
le plus tôt possible et que ses résultats puissent être invoqués avant qu'il ne
procédé aux études définitives de ces sections du canal, dont le profil serait
singulièrement amélioré par l'adoption d'ascenseurs.

Nombre des écluses.

Tel qu'il est aujourd'hui, le projet comprend 52 écluses ainsi réparties :

DÉSIGNATION DES SECTIONS.	SECTIONS NOUVELLES.		SECTIONS EMPRUNTÉES aux voies existantes.	
	Nombre d'écluses.	Chûte totale.	Nombre d'écluses.	Chûte totale.
De Courcelles-lès-Lens à Courchelettes.	2	8.20	»	»
De Courchelettes à Arleux	»	»	2	6.00
D'Arleux à Péronne.	49	76.30	»	»
De Péronne à Ham.	»	»	3	9.30
De Ham à Noyon	9	32.20	»	»
De Noyon à Janville	»	»	4	2.93
De Janville à Méry-sur-Oise	5	10.37	»	»
De Méry-sur-Oise à Saint-Denis(1)	11	43.00	»	»
Totaux	46	170.07	6	18.23

Soit, en totalité, 52 écluses rachetant une chute totale de 188ᵐ 30.

(1) Le chiffre de onze écluses, pour cette section, comprend deux écluses situées sur la descente à l'Oise près de Méry.

Il n'y a donc, entre les deux extrémités du canal, Courcelles-lès-Lens et Saint-Denis, que cinquante écluses.

Profil en travers.

Inconvénients d'une largeur de 11ᵐ au plafond. Une largeur de onze mètres au plafond est indispensable pour un canal sur lequel doivent se croiser des bateaux de cinq mètres de largeur ; mais cette dimension de onze mètres strictement nécessaire n'est pas suffisante lorsqu'il s'agit de desservir une navigation active.

Difficultés de croisement des bateaux chargés. Un bateau chargé, qui circule isolément dans un canal, a une tendance naturelle à se placer au milieu du lit. Sous l'action de son passage, les vases en suspension dans l'eau sont peu à peu rejetées sur les talus au pied desquels elles s'accumulent, et la section transversale, au lieu de rester polygonale, devient curviligne par l'envasement des angles inférieurs de la cunette. Dans ces conditions, lorsque ce bateau chargé doit se croiser avec un autre, il faut qu'il s'écarte de sa route et qu'il vienne raser le talus en traînant même dans la vase qui en recouvre la base. Le croisement de deux bateaux, sans devenir précisément difficile, est alors une manœuvre ; il exige le travail des mariniers à bord, pour dévier le bateau de sa route et le ralentissement dans la marche, pour éviter les avaries.

Cette manœuvre et ce ralentissement sont admissibles lorsqu'ils ne se produisent que d'une façon exceptionnelle c'est-à-dire lorsque le canal dessert une navigation peu importante ; mais on comprend de combien ils doivent augmenter le prix du fret lorsqu'au lieu d'être l'exception, ils se présentent à chaque pas et réduisent dans une proportion importante la vitesse de marche des bateaux.

Impossibilité pour les bateaux rapides de dépasser les autres. La largeur de onze mètres a un autre inconvénient grave, c'est de rendre à peu près impossible l'application de la vapeur à la propulsion des bateaux.

L'emploi de la vapeur ne peut être économique que par une augmentation de vitesse qui procure une diminution de la durée du parcours et par suite des frais généraux du transport. Dans un canal de onze mètres de largeur, un bateau à vapeur ne peut dépasser un bateau ordinaire qu'autant que celui-ci, qui se tient naturellement au milieu de la voie navigable, veut bien s'écarter de la route, se ranger et raser le talus pour laisser libre la moitié de la passe.

Les bateaux ordinaires voient presque toujours d'un mauvais œil les bateaux à vapeur qui leur font concurrence et qui ont sur eux le droit de trématage aux écluses et aux ponts mobiles ; ils mettent, en général, toute la mauvaise volonté possible à exécuter la manœuvre qui est nécessaire pour laisser passer le bateau à vapeur venant derrière eux. La vitesse de celui-ci se trouve donc ralentie, et elle peut être réduite sur une assez longue partie du parcours à celle des bateaux ordinaires qu'il est obligé de suivre, sans pouvoir les dépasser.

C'est là une des causes de l'insuccès des diverses entreprises qui ont tenté d'établir des services réguliers de bateaux à vapeur entre Lille et Paris, et son influence est d'autant plus redoutable que la navigation est plus active, c'est-à-dire que les bateaux sont plus nombreux.

Interruption de la navigation par les accidents. Enfin avec une largeur de onze mètres, le moindre accident, un bateau échoué par exemple, a pour conséquence inévitable l'interruption de la navigation.

Comparaison avec une route de terre. En un mot, une voie navigable de onze mètres correspond à une route de terre de cinq mètres de largeur, et elle en a tous les inconvénients. Cette dernière suffit pour le croisement de deux voitures et doit théoriquement être suffisante pour desservir une circulation des plus actives. Et cependant quel est l'ingénieur qui proposerait de construire avec cinq mètres de largeur un chemin qui devrait être le plus fréquenté du territoire?

Avantages d'une plus grande largeur. Tous ces inconvénients n'existeraient pas avec une largeur plus grande et suffisant au passage de trois bateaux. Le croisement s'opère alors facilement sans manœuvre et sans ralentissement; un bateau ordinaire, quelle que soit la position qu'il occupe dans le chenal, ne peut s'opposer à ce qu'un autre plus rapide, venant derrière lui, le dépasse. Celui-ci trouvera toujours, d'un côté ou de l'autre, un passage libre d'une largeur suffisante. Un bateau échoué n'interceptera pas non plus la circulation.

Diminution des frais de traction. Indépendamment de ces avantages dont l'importance pour la batellerie est difficile à évaluer en argent, l'élargissement de la section transversale, en réduisant l'effort de traction nécessaire pour faire avancer les bateaux, réalise une économie positive dont peut profiter directement l'industrie des transports, et qui n'est pas inférieure à $0^{fr}\,0008$ par tonne et par kilomètre, soit $0^{fr}\,24$ par kilomètre pour un bateau de 300 tonnes.

La largeur de dix-sept mètres au plafond serait suffisamment motivée par cette économie de traction; elle l'est encore et surtout par les autres considérations qui précèdent; c'est donc celle qui, sans contredit, doit être adoptée.

Profondeur à adopter. Les profils en travers qui ont servi au calcul des terrassements ont été dressés en supposant le niveau des digues à trois mètres et le niveau de l'eau à deux mètres au-dessus du plafond, de sorte qu'il reste partout un mètre de revanche entre le niveau de l'eau et celui des digues. Il suffirait donc d'établir les ponts fixes vingt, trente ou cinquante centimètres plus haut, ce qui peut se faire en général sans augmentation sensible des dépenses, pour relever d'autant le plan d'eau, et avoir par conséquent un mouillage de $2^m\,20$, $2^m\,30$ ou $2^m\,50$.

Ce relèvement ne sera pas possible partout, mais alors, le mouillage pourrait être porté à 2ᵐ50 par voie d'approfondissement. Il y aurait ainsi, par mètre courant, un déblai supplémentaire de huit mètres cubes environ, soit une dépense de 10,000 francs au plus, par kilomètre, inférieure aux imprévus et dépenses diverses qui n'ont pas pu être évaluées.

C'est en vue de cette éventualité d'un approfondissement possible du canal que l'on a adopté pour la largeur au plafond le chiffre de 17 mètres, alors que celui de 16 mètres indiqué par le comité des houillères suffirait.

Avec une largueur de 16 mètres, un approfondissement de 50 centimètres doit être accompagné du remaniement des talus pour conserver au plafond la largeur de trois bateaux, tandis qu'avec une largeur de 17 mètres, ce résultat peut être obtenu en maintenant aux talus leur inclinaison primitive.

On doit donc considérer comme possible, en se renfermant dans les limites de dépenses du projet, d'obtenir pour le canal un mouillage quelconque compris entre 2 mètres et 2 m. 50.

Dans ces conditions, tout en limitant le mouillage aux besoins actuels qui correspondent au tirant d'eau de 1ᵐ80, c'est-à-dire en adoptant une profondeur de 2 ou de 2ᵐ20 pour le canal, les dispositions proposées sont telles que la profondeur pourra toujours, à une époque quelconque et presque sans frais, être portée à 2ᵐ50.

Défense
des berges.

Quel que soit le profil adopté, les berges devront être perreyées au niveau de l'eau pour être à l'abri des dégradations causées par le passage des bateaux à vapeur.

Chemin de halage

La cunette est bordée de deux chemins de halage de quatre mètres de largeur chacun, empierrés sur trois mètres de largeur.

Travaux
d'étanchement.

Enfin, la cunette devra être rendue étanche dans les parties où cette mesure sera reconnue nécessaire. Les prévisions faites à ce sujet sont très-larges et seront très-probablement au-dessus des besoins.

Type d'écluses.

La question de la dimension des écluses se lie intimement à celle de la dimension des bateaux qui fréquenteront le canal et du mode de traction qui leur sera appliqué.

Utilité d'avoir
de
grands bateaux.

En faisant abstraction de toute autre considération, il est certain que la dimension la plus avantageuse, pour les bateaux, est celle qui permettra d'obtenir le plus fort chargement. Avec des bateaux pouvant porter 400, 500 et même 600 tonneaux, on sera en mesure d'obtenir un prix de fret plus bas qu'avec des bateaux de 300 tonneaux. C'est pourquoi l'idée de construire le canal à grande section a rencontré de chauds partisans et de puissants défenseurs dans la Commission d'études.

Cette idée, qui a pour conséquence forcée la construction d'un matériel spécial pour le transport des houilles à destination de Paris, peut cependant être sérieusement combattue.

Inconvénients d'un matériel spécial. Il ne s'agit pas de créer un canal isolé, sans communication avec d'autres voies navigables. Le canal projeté s'embranche, au contraire, en plusieurs points sur un réseau important de canaux qui dessert la région du Nord et la met en communication avec l'Est et le centre de la France. Les bateaux destinés à ces voies pourront, il est vrai, emprunter avec avantage le canal à grande section, mais le matériel spécial créé pour l'approvisionnement de Paris ne pourra pas sortir du canal pour lequel il aura été construit. Les transports de houille au-delà de Paris et dans l'Est, qui constitueront vraisemblablement un élément important du trafic du nouveau canal, devront continuer à employer les bateaux ordinaires. Le rôle des grands bateaux sera donc limité à une partie seulement du transport des houilles.

L'avantage que l'on peut se promettre de l'usage de grands bateaux est peut-être d'ailleurs plus apparent que réel.

Chômages plus fréquents. Le prix du fret dépend en effet de plusieurs éléments dont quelques-uns subiront une augmentation par suite de l'usage de bateaux spéciaux.

Ces bateaux, ne pouvant circuler que sur le canal du Nord à Paris, resteront forcément inoccupés lorsque l'activité des transports diminuera sur cette ligne. Aujourd'hui, lorsque, pour une cause quelconque, le transport de la houille se ralentit, les bateaux moins demandés dans la direction de Paris se répandent sur d'autres voies navigables où ils trouvent des transports de céréales, de matériaux de construction, etc. L'intérêt et l'amortissement du capital qu'ils représentent se répartit donc sur une plus grande somme de transports que s'ils ne pouvaient circuler que sur une seule voie navigable.

Chances de retour à charge. Une cause qui influe beaucoup sur le prix du fret, c'est la chance de retour à charge. Les bateaux circulant partout et portant de la houille à Paris peuvent prendre, au retour, un chargement pour une destination quelconque de la région du Nord, Saint-Quentin, Cambrai, Lille, Roubaix et même Dunkerque. La même facilité n'existera plus s'ils sont construits avec des dimensions qui rendent impossible leur passage sur les canaux ordinaires. Ils ne pourront accepter de fret de retour que pour les localités situées sur le parcours du nouveau canal. Leur chance de retour à charge sera donc très notablement diminuée, et le prix du fret sera augmenté d'autant.

Adoption du type ordinaire. L'idée d'adopter de grands bateaux paraît donc devoir être abandonnée, et les écluses ont été projetées avec une largeur de 5^m20 pouvant donner passage à des bateaux de 5^m00. C'est la dimension fixée par la loi du 5 août 1879, et c'est à cette dimension que seront ramenées toutes les écluses des voies navigables les plus importantes

Longueur des écluses. D'après cette même loi, la longueur utile des écluses doit être de 38^m50 correspondant à la longueur d'un seul bateau. La Commission d'études du canal du Nord avait demandé que les écluses de ce canal fussent construites avec une longueur utile de 115^m50 afin de recevoir à la fois trois bateaux ou un remorqueur et deux bateaux.

L'adoption de cette solution supposerait que l'on est parfaitement fixé sur le meilleur mode de traction ou sur celui qui sera adopté sur le canal du Nord. Il faut reconnaître qu'il n'en est pas ainsi. La question du meilleur mode de traction sur les canaux à biefs courts ne paraît pas résolue.

Le touage ne paraît pas applicable aux canaux à biefs courts. Sur les rivières, où il s'agit de remonter un courant qui peut être plus ou moins rapide, où les écluses sont en général fort espacées et peuvent être remplies ou vidées sans causer de modification sensible dans le niveau des biefs d'amont et d'aval, la solution la meilleure paraît être le touage sur chaîne noyée par trains de six, huit, dix bateaux, et même davantage, avec de grandes écluses permettant le passage simultané d'un de ces trains dont la longueur peut être variable avec la vitesse du courant afin d'utiliser le mieux possible la puissance du toueur.

Le touage ne paraît être réellement économique que pour des trains d'une certaine longueur. Il est permis de douter que ce mode de traction, appliqué à des convois de deux ou trois bateaux seulement, comme on serait amené à le faire si l'on adoptait les écluses de 115^m50 de longueur, procure un avantage sérieux sur la traction ordinaire.

Il serait impossible d'ailleurs d'avoir des écluses plus grandes.

Il n'est donc pas probable que la traction des bateaux sur le nouveau canal se fasse par un toueur remorquant des trains et l'on aura à chercher un autre procédé qui donne de meilleurs résultats.

Meilleur mode de traction des bateaux sur les canaux. Un concours a été ouvert en 1871, dans l'État de New-York, pour l'amélioration de la traction sur les canaux, et il a été rendu compte des résultats obtenus, dans une note rédigée par M. Lavoinne, ingénieur des ponts-et-chaussées, et insérée aux annales des ponts-et-chaussées (année 1877, 2e semestre).

Les canaux sur lesquels les expériences ont été faites ont des dimensions absolument comparables aux canaux du Nord et sont fréquentés par des bateaux de même forme et de même capacité.

La commission chargée de juger les résultats du concours a décerné le prix à deux bateaux munis de propulseurs spéciaux. Elle a jugé que le touage sur chaîne noyée pourrait avoir, sur ces porteurs, un léger avantage au point de vue économique, mais qu'il serait moins favorable à la rapidité des transports, et par suite à la complète utilisation de la voie navigable.

Avantages des propulseurs spéciaux.

Les porteurs avec propulseurs spéciaux présentent en outre sur les toueurs des avantages très-sérieux.

D'abord, ils peuvent circuler sur tous les canaux, qu'il y ait ou n'y ait pas de chaîne noyée, tandis qu'un bateau remorqué par un toueur se trouve fort dépourvu lorsqu'il est abandonné à l'embranchement d'une voie secondaire sur laquelle le touage n'est pas organisé et où il doit s'engager.

Les porteurs jouissent enfin d'une indépendance absolue de mouvements : ils peuvent partir quand bon leur semble, s'arrêter, repartir sans être obligés d'attendre le passage du toueur ni sans avoir à se préoccuper, en quoi que ce soit, de leur mode de traction qu'ils portent avec eux.

Il est donc permis de supposer que le système de bateaux porteurs munis de propulseurs spéciaux, qui a si bien réussi aux Etats-Unis, donnera en France de bons résultats.

S'il en est ainsi, de grandes écluses de 115^{m}50 de longueur sont inutiles, et il suffit que les écluses aient 38^{m}50 de longueur.

Il y a une autre raison que l'on peut invoquer en faveur de cette dimension. C'est la possibilité de la substitution d'ascenseurs hydrauliques à un certain nombre d'écluses si, comme tout le fait espérer l'essai qui va être fait de ces appareils donne un résultat satisfaisant.

Les ascenseurs ne pourront évidemment avoir que 38^{m}50 de longueur utile et les trains de bateaux, s'il s'en forme, devront forcément se décomposer à leur passage.

Du moment que les bateaux sont obligés de circuler isolément sur une assez grande partie du parcours, il paraît peu probable qu'ils arrivent à se réunir en trains sur le reste, surtout si l'on tient compte de la diversité possible de leurs destinations.

Avis du Comité des houillères.

Le Comité des houillères du Nord et du Pas-de-Calais, après une longue étude, s'est rangé à cette opinion par une délibération en date du 8 janvier 1880, dont extrait est ci-annexé (voir note G, page 83). Il a émis l'avis qu'il y avait lieu de conserver, pour les bateaux, leurs dimensions actuelles en longueur et largeur, et par conséquent de construire les écluses avec des sas de 38^{m}50 de longueur sur 5^{m}20 de largeur.

Mais préoccupé de l'énorme trafic que le canal est appelé à desservir, et craignant qu'une écluse à deux sas jumeaux ne fût pas suffisante pour ce trafic, il a demandé que l'un des sas eût deux fois 38^{m}50 ou 77 mètres de longueur utile, afin de permettre le passage d'un plus grand nombre de bateaux dans un temps donné.

L'adoption d'un sas de longueur double n'atteindrait probablement pas le but cherché par le comité des houillères, car il n'est pas prouvé que le passage de deux bateaux dans un pareil sas ne prenne pas deux fois plus de temps que le passage d'un seul bateau dans une écluse ordinaire. Si deux sas jumeaux sont insuffisants, la meilleure solution paraît être d'en construire un troisième parallèle aux premiers.

Les écluses ont donc été projetées avec les dimensions ordinaires de 38ᵐ50 sur 5ᵐ20. Elles ont été placées dans de grands alignements droits afin de rendre plus facile l'entrée et la sortie des bateaux.

Sas jumeaux. Chaque écluse a été projetée double, c'est-à-dire formée de deux sas parallèles de 38ᵐ50 de longueur utile, constituant une double voie. Ces écluses coûtent environ soixante-cinq pour cent de plus qu'une écluse à un seul sas, et la différence est largement compensée par les avantages qu'en retire le commerce. Elles doublent, à peu de frais, la puissance de la voie navigable; elles évitent tout chômage pour remplacement ou réparations des portes, et elles contribuent à l'évacuation rapide des bateaux accumulés à la suite d'un chômage ou d'une interruption momentanée de la navigation.

Difficulté, pour un bateau chargé, d'entrer dans une écluse. Les anciennes écluses étaient construites avec 5ᵐ20 de largeur pour les bateaux de 5ᵐ00 et 2ᵐ00 de profondeur pour 1ᵐ80 d'enfoncement.

Un bateau chargé, qui doit entrer dans une pareille écluse ou en sortir, ne peut le faire qu'en refoulant un volume d'eau égal au sien, lequel ne trouve pour s'écouler que l'espace très restreint qui est laissé sur son pourtour.

Aqueducs d'échappement. Sur certains canaux et en particulier sur le canal de St-Quentin, on a essayé de remédier à cet inconvénient en construisant, parallèlement au sas, un aqueduc dit *d'échappement*, par lequel peut s'écouler l'eau qui doit passer de l'avant à l'arrière du bateau.

Mais l'expérience a montré que ces aqueducs ne diminuent pas, autant qu'il le faudrait, les difficultés d'entrée et de sortie des bateaux chargés, ainsi que les pertes de temps qui en résultent.

C'est une amélioration à réserver aux écluses existantes. Quand on doit construire des écluses neuves, il faut chercher mieux.

Augmentation de la section transversale de l'écluse. La seule disposition vraiment efficace consiste à donner à l'écluse une section transversale beaucoup plus grande que celle du bateau qui doit y pénétrer. L'eau peut alors s'échapper par son pourtour sans difficulté et sans avoir à prendre une grande vitesse.

Si l'augmentation de section est obtenue par un élargissement du sas, on augmente le volume de l'écluse, la dépense d'eau et le temps nécessaire au remplissage et à la vidange. L'accroissement de dépense d'eau est un inconvénient grave sur les canaux où l'eau n'est pas abondante. Mais l'agrandissement de la section de l'écluse peut résulter simplement d'un approfondissement et alors, le volume de l'éclusée, la dépense d'eau, et la durée du remplissage restent absolument les mêmes que pour une écluse ordinaire.

On peut ainsi par un approfondissement d'un mètre, c'est-à-dire en plaçant le radier de l'écluse à trois mètres au lieu de deux, au-dessous du niveau normal des eaux du bief inférieur, obtenir une accélération très-appréciable dans les manœuvres d'entrée et de sortie des bateaux chargés, et par suite accroître en même temps la vitesse de marche et la capacité des écluses au point de vue du nombre des bateaux qui peuvent les franchir dans un temps donné.

Avec des moyens de remplissage et de vidanges rapides, avec les facilités données aux bateaux pour pénétrer dans les écluses et en sortir, on peut réduire à moins de dix minutes la durée d'une éclusée.

Dans ces conditions, si l'on admet une durée de 15 minutes pour un croisement, on peut faire 4 éclusées par heure et 60 à 80 éclusées par jour. Avec un double sas, on arriverait à faire passer 120 à 150 bateaux par jour, ce qui est bien au-dessus des besoins prévus du trafic.

———

Ouvrages d'art.

Dimension des ponts. Tous les ponts par dessus le canal sont projetés avec une ouverture de vingt-trois mètres entre culées. Ils comprennent deux chemins de halage de trois mètres de largeur chacun, de sorte que la cunette y est réduite à dix-sept mètres de largeur en gueule. La hauteur libre au-dessus du plan d'eau est, conformément à la loi du 5 août 1879, de $3^m 70$ au moins. Cette hauteur sera augmentée partout où cela sera possible pour permettre au besoin le relèvement ultérieur du plan d'eau.

Séparation des ponts et des écluses. On s'est attaché à ne jamais placer un pont fixe sur une écluse. La dépense se trouve ainsi un peu augmentée, car un pont isolé coûte plus cher que lorsqu'il est seulement posé sur les bajoyers prolongés. Mais la présence d'un pont fixe sur la tête aval d'une écluse cause une telle entrave à la marche des bateaux qu'elle a paru devoir être évitée à tout prix.

Espacement des ponts. Sur la longueur à construire, de 186,704 mètres dont 4,544 en souterrain et 182,160 à ciel ouvert, il a paru nécessaire de projeter l'établissement de 179 passages, soit en moyenne à peu près un par kilomètre. Sur ces 179 passages, 169 sont fixes et 10 sont mobiles.

Passage intérieur Outre ces ponts fixes ou mobiles supérieurs au canal, on a projeté un passage inférieur près du pont-canal qui doit être établi au-dessus de la rivière non navigable de la Somme.

L'avant-projet comporte l'établissement des deux ponts-canaux.

Le premier, dont il vient d'être parlé, est destiné à faire franchir au canal la Somme non navigable en aval de Péronne. Il aurait un débouché de cinquante mètres.

Le second est plus important. Il doit traverser l'Oise navigable en face de Mériel et présenter cent mètres de débouché linéaire.

Enfin, l'ouvrage le plus important est le souterrain de Ruyaulcourt. Fort heureusement, les sondages ont confirmé les prévisions sur la nature du terrain dans lequel il doit être ouvert : c'est la craie compacte, avec la même consistance que celle qui a été rencontrée dans le percement des souterrains du canal de St-Quentin. Cette craie est assez tendre pour pouvoir être entamée par le pic et cependant assez dure pour pouvoir se maintenir sans revêtement. Toutefois la prudence commande de recouvrir la surface intérieure du souterrain d'une chemise en maçonnerie qui empêche les dégradations et prévient la chute de petits blocs détachés. On ne l'avait pas construite lors de l'ouverture du souterrain du canal de St-Quentin et l'on est forcé aujourd'hui de réparer cette omission.

Le profil transversal du souterrain, qui présente une passe navigable de 7^m de longueur, ne comporte pas de chemin de halage. On suppose que la traction des bateaux s'y opérera par touage, comme cela se fait au canal de St-Quentin.

Alimentation.

Les diverses sections du canal doivent avoir chacune leur alimentation distincte.

La première, de Courcelles-lès-Lens à Courchelettes présente un seul versant de la Scarpe vers la Deûle, et elle se trouvera alimentée naturellement par les eaux de la Scarpe sur laquelle s'embranche son bief supérieur.

Le débit de la Scarpe, en ce point, ne descend jamais, dans les plus bas étiages, au-dessous de deux mètres cubes et demi, et il est en moyenne de quatre mètres cubes par seconde. L'alimentation du nouveau canal exigera à peine un mètre cube par seconde, elle sera donc toujours parfaitement assurée et s'effectuera sans troubler pour ainsi dire le régime de la Scarpe.

On sait que, pendant la saison d'étiage, une grande partie des eaux de cette rivière est envoyée dans la Deûle par l'écluse du Fort de Scarpe, pour suppléer à l'insuffisance du débit de la Deûle, au point de vue des besoins de la navigation et de la salubrité de la ville de Lille. Les eaux prises à la Scarpe par le nouveau canal rentreront dans la Deûle à Courcelles-lès-Lens et ne seront pas, par conséquent, détournées de cette destination qui correspond à une nécessité de premier ordre.

Section d'Arleux à Péronne.

C'est pour la seconde section comprise entre Arleux et Péronne que la question de l'alimentation présente le plus de difficultés. C'est dans cette section que le canal à construire atteint son altitude la plus élevée. Le bief de partage est projeté, comme on l'a vu, à l'altitude de 80ᵐ50. On ne rencontre, plus haut, aucune source pérenne un peu importante.

Nappe souterraine supérieure.

Il existe cependant à une altitude variable de 80 à 90 mètres une nappe souterraine produite par les eaux qui se réunissent dans les dépôts tertiaires.

Les eaux de cette nappe ne se montrent que sur le versant Sud. Ce sont elles qui forment les sources de la Cologne au-dessus de Roisel, de la Tortille à Manancourt et de l'Ancre à Miraumont, situées toutes à des altitudes de 82 à 86 mètres.

Son insuffisance.

Ces eaux disséminées sur une longueur de près de quarante kilomètres et provenant d'une nappe d'une faible largeur sont en somme très peu abondantes, surtout pendant la saison d'été. La plus grande partie pourrait être amenée dans le bief de partage du canal, mais il faudrait pour cela construire une rigole de plus de quarante kilomètres de longueur souterraine sur une grande partie de son parcours.

Sources existant sur le parcours du canal.

Il est préférable de ne rien demander à cette nappe souterraine et de n'y prendre que les eaux qui se rendront naturellement dans le canal traversant les couches aquifères, et dont le volume a été évalué à deux cents litres par seconde pendant les saisons les plus sèches.

Évaluation des besoins.

Ce chiffre est malheureusement bien inférieur aux besoins qui, largement évalués, il est vrai, exigeraient jusqu'à deux mètres cubes par seconde[1].

La différence, soit dix-huit cents litres par seconde au maximum, ne peut être cherchée qu'en dehors de cette nappe souterraine.

---

[1] Voici, en quelques mots, comment peut s'établir cette évaluation :

180 éclusées par jour, à 900 mètres cubes l'une, consommeront............................	162.000 ᵐ·ᶜ·
Les pertes par évaporation et infiltration, sur 10 kilomètres de longueur, à raison de 0ᵐ·ᶜ·25 par jour et par mètre courant, exigeront	10.000
Total par jour...............	172.000 ᵐ·ᶜ·

soit, par seconde, 1991 litres ou deux mètres cubes en chiffre rond.

L'alimentation du canal de Saint-Quentin, pour un trafic annuel de 2.700.000 tonnes n'exige que 800 litres environ par seconde.

Réservoirs.

Il n'y a pas à songer à établir des réservoirs. Le faîte étant formé d'un plateau crayeux, découpé en tous sens par des dépressions secondaires, une vallée même principale ne correspond qu'à un bassin d'une faible étendue, formé presqu'entièrement de terrains perméables et n'écoule jamais assez d'eau pour remplir un réservoir d'une certaine capacité.

Eaux prises à distance.

Les eaux de surface faisant défaut comme les eaux souterraines, à proximité du bief de partage, il fallait en chercher à distance.

Eaux de l'Oise.

Le seul cours d'eau de la région qui, à une altitude supérieure à 80 mètres, présente un débit permanent assez considérable est l'Oise, dont une partie des eaux, prises à Lesquielles, sert à alimenter le bief de partage du canal de Saint-Quentin. Le débit de l'Oise à Lesquielles ne descend jamais au-dessous de quinze cents litres et il est presque toujours supérieur à trois mètres cubes par seconde. La rigole alimentaire du canal de Saint-Quentin n'y prend guère que trois ou quatre cents litres, lesquels s'ajoutent à un volume à peu près égal pris au Noirieu, à Vadencourt, et suffisent à parfaire les sept ou huit cents litres nécessaires aux besoins de ce canal.

En dehors des très-bas étiages, il reste donc dans l'Oise un volume d'eau de plus de deux mètres cubes dont la moitié au moins pourrait être dérivée sans inconvénient et amenée dans le bief de partage du nouveau canal. C'est en vue de la réalisation éventuelle de ce mode d'alimentation que ce bief a été projeté à l'altitude (80^{m}50), soit à trois mètres environ plus bas que celui du canal de Saint-Quentin.

Possibilité de les amener.

On conçoit en effet qu'il serait possible d'établir, parallèlement à la rigole actuelle de Lesquielles à Lesdins, une nouvelle rigole de même pente totale, amenant à Lesdins les eaux destinées au nouveau canal, au même niveau que celles qui sont versées dans le bief de partage du canal de Saint-Quentin, c'est-à-dire au niveau de ce bief ; puis de construire, entre Lesdins et Etricourt, une seconde rigole de vingt-cinq à trente kilomètres de longueur, présentant une pente de dix centimètres par kilomètre, suffisante pour assurer l'arrivée, dans le bief de partage du nouveau canal, des eaux déjà amenées à Lesdins.

En supposant même ce mode d'alimentation réalisé il serait encore insuffisant, puisque l'Oise ne pourrait fournir, pendant la saison sèche, tout le volume d'eau nécessaire.

Eaux de la nappe inférieure (niveau de la craie).

Il existe, aux deux extrémités de la section d'Arleux à Péronne, d'immenses réservoirs naturels que l'on peut considérer comme inépuisables : les marais de la Sensée d'un côté, les marais de la Somme de l'autre.

Marais de la Sensée.

Les premiers ont une superficie de près de 200 hectares, avec une profondeur moyenne de deux mètres environ, ils renferment donc quatre millions de mètres cubes d'eau. Ils reçoivent en outre des sources dont le volume ne descend jamais au-dessous de quinze cents litres par seconde. Ils communiquent certainement avec une nappe souterraine très étendue dans laquelle on pourrait puiser par exhaustion une quantité d'eau bien supérieure à celle qui émerge naturellement.

Sans même recourir à cette ressource éventuelle, le débit naturel des sources, toujours supérieur à quinze cents litres, est plus que suffisant pour subvenir aux besoins de l'alimentation. On a vu, en effet, que ceux-ci n'exigeront au plus que dix-huit cents litres, dont neuf cents seulement seront pris aux marais de la Sensée, le reste devant être emprunté à ceux de la Somme.

Marais de la Somme. — Les marais de la Somme s'étendent pour ainsi dire sur toute la longueur de la vallée. Ils ont une superficie considérable. En ne considérant que la partie voisine du canal, on trouve, entre Péronne et Cléry, sur cinq kilomètres environ de longueur, un marais de plus de deux cents mètres de largeur moyenne et par conséquent de plus de cent hectares de superficie, qui contient deux millions de mètres cubes d'eau. Ce réservoir, indépendamment de la nappe souterraine dont il révèle l'existence, et avec laquelle il communique, est traversé par la rivière de la Somme dont le débit, en étiage, ne descend jamais à Péronne au-dessous de 3,600 litres par seconde.

Aucune perturbation ne sera apportée au régime des eaux. — On est donc certain de trouver, en tout temps, à chaque extrémité du canal les 900 litres nécessaires à son alimentation, et de pouvoir les prendre sans apporter de perturbation sérieuse au régime des eaux de la contrée, la quantité à emprunter n'étant qu'une très-faible fraction de celle qui serait disponible.

Cette perturbation sera d'autant moins grande qu'il ne s'agit, en réalité, que d'un emprunt fait aux réservoirs dont il vient d'être parlé, et non d'un détournement définitif. Les eaux empruntées et amenées dans le bief de partage redescendront sur chaque versant et rentreront dans les réservoirs d'où elles auront été tirées, diminuées seulement de la très-petite quantité perdue par l'évaporation.

L'alimentation est assurée en toute saison. — Ainsi, les eaux ne feront jamais défaut pour l'alimentation du canal, et eu égard à ce que l'on vient de dire, on doit considérer comme inépuisables, les réservoirs dans lesquels elles seront prises.

Nécessité d'élever les eaux. — Malheureusement, ces réservoirs sont à un niveau beaucoup plus bas que le bief de partage, et leurs eaux doivent, pour y arriver, être élevées par des machines. La hauteur d'élévation est de 44^{m}00 pour les eaux de la Sensée et de 33^{m}20 pour celles de la Somme.

La force motrice nécessaire pour obtenir ce résultat doit être de 700 chevaux du côté de la Sensée, et de 470 chevaux du côté de la Somme. Ces chiffres correspondent à la consommation maximum, et il faut prévoir le cas où les besoins seraient plus faibles et pouvoir y proportionner la force dont on disposera. Dans ce but, cette force ne sera pas demandée à une seule machine, mais répartie entre plusieurs, donnant chacune 120 à 140 chevaux.

Dépenses d'installation.

L'installation coûterait environ, pour machines et bâtiments   2.340,000 f. »
A quoi il faut ajouter les conduites ascensionnelles qui coûteraient ensemble.   1,870,000   »
Plus quelques ouvrages accessoires.   240,000   »

Soit un total de. . . . . .   4.450,000 f. »

pour les frais de premier établissement de l'alimentation.

Possibilité d'augmenter le volume d'eau.

Si, contrairement à toutes les prévisions, le volume de deux mètres cubes par seconde dans le bief de partage était insuffisant, rien ne serait plus facile que de l'augmenter.

Les réservoirs dans lesquels on puise pouvant être considérés comme ayant une capacité indéfinie, il suffirait d'augmenter le nombre des machines élévatoires établies à chaque extrémité du canal.

Dépenses d'exploitation.

Quant aux dépenses d'exploitation, elles varieront évidemment en proportion de ces besoins.

Le volume de deux mètres cubes par seconde est destiné à suffire aux exigences d'une circulation exceptionnelle, qui pourra se produire à certains jours, mais qui ne se présentera pas d'une manière continue pendant toute l'année. On aura donc, en général, et surtout en moyenne, besoin de beaucoup moins de deux mètres cubes par seconde. D'un autre côté le produit des sources estimé au minimum à deux cents litres sera supérieur pendant la plus grande partie de l'année. Pour ces deux causes, la quantité d'eau à élever par machines n'atteindra que très-exceptionnellement le chiffre de dix-huit cents litres

En admettant que le volume moyen soit de douze cents litres et en comptant $0^{fr}.25$ pour l'élévation à un mètre de hauteur de mille mètres cubes d'eau, non compris l'intérêt et l'amortissement du prix des machines, on arrive à trouver que les dépenses d'alimentation s'élèveront à 300,000 fr. environ par année : Ce chiffre ne sera sans doute jamais atteint.

Justification de l'emploi des machines.

On sait aujourd'hui que l'eau élevée par des machines ne coûte pas aussi cher qu'on serait tenté de le croire au premier abord, et qu'en général elle coûte moins cher que celle qui doit être amenée de loin par des rigoles d'un grand développement.

En ce qui concerne les eaux servant à l'alimentation de la ville de Paris, ce fait a été démontré par M. l'Inspecteur général Alphand, directeur des Travaux municipaux, dans une note en date du 16 octobre 1879, sur la situation du service des eaux et égouts : on y voit (Pages 11 et 12, en note) que les eaux de la Dhuis amenées à Paris, y reviennent à 0 fr. 123 le mètre cube, celles de Vanne 0^{fr} 062, tandis que celles de la Marne élevées par machines hydrauliques ne reviennent qu'à 0^{fr}0353, et celles de la Seine élevées par machines à vapeur à 0^{fr}0382, chiffre qui pourrait être réduit à 0^{fr}0302 si l'on remplaçait les machines existantes par d'autres plus perfectionnées.

Lorsqu'il s'agit d'alimenter une ville en eau potable, on peut s'imposer le surcroît de dépense qui correspond à l'adduction d'eaux éloignées, à cause de la supériorité incontestable des eaux de source sur les eaux de rivière, mais la qualité des eaux, pour un canal navigable, n'a qu'une importance secondaire, et l'on peut donner la préférence au mode l'alimentation le plus économique.

On doit donc considérer le problème de l'alimentation de la section d'Arleux à Péronne comme résolu de la manière la plus complète, et à des conditions relativement peu onéreuses. Il faut ajouter que les eaux arrivant dans le bief de partage par ses deux extrémités n'y produiront aucun courant qui puisse gêner la marche des bateaux dans un sens ou dans l'autre.

Section de Ham à Noyon. La section de Ham à Noyon s'alimente naturellement, comme on l'a dit, par les eaux de la Somme prises en amont de Ham à Sommette et amenées dans le bief de partage à Esmery-Hallon par une rigole navigable.

Les eaux de la Somme augmentées de celles que fourniront les sources émergeant dans le bief de partage seront suffisantes pendant une grande partie de l'année. Dans la saison sèche, il faudra peut-être compléter l'alimentation au moyen d'eaux prises à la Somme en aval d'Offroy et élevées par des machines.

Le bief de partage ouvert dans des terrains marécageux et plus loin dans une argile plastique surmontée de formations sableuses recueillera de grandes quantités d'eau. Un sondage exécuté au point culminant du faîte a rencontré une nappe abondante à quinze mètres plus haut que le niveau projeté pour le bief de partage.

On est donc en droit d'espérer que l'emploi des machines pourra être évité.

Quoiqu'il en soit, il est préférable d'être au-dessus des besoins, et l'on peut, dans une première étude, en admettre la nécessité.

Leur force totale serait inférieure à trois cents chevaux.

Leur installation coûterait	784,000 f. »
Celle de la conduite ascensionnelle	216,000 »
L'aqueduc d'amenée	324,000 »
Les ouvrages divers	98,400 »
C'est donc pour cet objet une dépense totale de . . .	1,422,400 »

Les dépenses d'exploitation, très largement évaluées ne dépasseront pas 90,000 fr. par année.

Section
de Janville
Méry-sur-Oise.

Cette section s'alimentera naturellement par les eaux de cette rivière ou de ses affluents. Quelques ouvrages sans importance permettront d'amener, dans les différents biefs, les eaux de l'Aronde, de la Frette, de la Bresche et de l'Esche.

Section
de Méry-sur-Oise
à
Saint-Denis.

La section de Méry-sur-Oise à St-Denis ne peut être alimentée autrement que par des machines. Il n'existe au-dessus des plateaux que le canal doit franchir aucune source importante.

La dépense d'installation des machines s'élèverait à . . . 1,200,000 f. »
Celle des conduites de refoulement à. . . . . 10,000 »
La rigole d'aménée coûterait. . . . . 70,000 »

Soit en totalité pour le premier établissement . . . . 1,310,000 f. »

Les frais d'exploitation ont été évalués à 143,500 fr., soit en nombre rond à 150,000 fr. par an. Mais ce chiffre pourra être facilement réduit à moins de 120,000 fr.

TROISIÈME PARTIE.

COMPARAISON ENTRE LES DÉPENSES A FAIRE
ET LES RÉSULTATS A OBTENIR.

L'utilité du canal qui vient d'être décrit serait suffisamment motivée par les considérations développées dans la première partie de ce travail. De toutes les lignes nouvelles inscrites dans la loi de classement du 5 août 1879, aucune ne répond à une nécessité aussi évidente, aucune ne peut espérer un trafic aussi élevé.

Utilité du canal. Cette nouvelle voie de communication est en effet indispensable pour que les houillères du Nord et du Pas-de-Calais puissent continuer leur développement menacé d'être arrêté par le défaut de débouchés. En dehors de cet intérêt pour ainsi dire local ou régional, elle doit venir en aide au pays pour l'affranchir du tribut qu'il paye à l'étranger afin de se procurer le combustible qu'il pourrait trouver chez lui, ou plus exactement, elle doit permettre aux consommateurs français de profiter dans toute la mesure du possible des travaux exécutés pour abaisser le prix des houilles, et d'obtenir le combustible aux conditions les plus économiques.

Il n'est pas nécessaire d'insister sur l'importance de ce résultat. Le bas prix du combustible, outre qu'il profite à l'ensemble des consommateurs, en abaissant le prix de revient des objets fabriqués, permet aux industriels français de lutter avec les étrangers, de conserver à l'extérieur les débouchés qu'ils ont su se créer, ou même d'en ouvrir de nouveaux.

Le but est assez important pour que l'on ne marchande pas les moyens d'y parvenir; et il devrait être poursuivi alors même que pour être atteint, il devrait exiger un sacrifice de la part du pays qui retrouverait bientôt, dans des avantages indirects, une compensation correspondante.

Mais il n'en est pas ainsi.

Comme on va le voir par le simple rapprochement de chiffres qui reste à opérer pour terminer ce travail, aux dépenses à faire correspondra une économie directe et immédiate bien plus grande ; de telle sorte que la construction du canal, loin d'être un sacrifice pour le pays, se présente au contraire avec les caractères d'une excellente opération financière.

Estimation des dépenses de construction.

L'évaluation des dépenses a été faite avec plus d'exactitude que n'en comporte ordinairement un avant-projet.

En voici les résultats dans l'hypothèse d'une section de dix-sept mètres de largeur au plafond, avec écluses formées de deux sas jumeaux :

DÉSIGNATION DES OUVRAGES.	DÉPENSES			
	PARTIELLES.		TOTALES.	
	fr.	c.	fr.	c.
Acquisitions de terrains et indemnités.........	9.894.869	70		
			9.894.869	70
Terrassements............................	29.097.934	95		
Étanchements, perrés, etc...................	8.474.376	»		
			37.272.307	95
Écluses	14.421.400	»		
Ponts	8.660.100	»		
Ponts-canaux	810.000	,		
Ouvrages secondaires.	873.352	»		
			24.764.852	»
Souterrain	7.792.800	»		
			7.792.800	»
Machines élévatoires......................	4.324.000	»		
Conduites de refoulement...................	2.426.000	»		
Ouvrages accessoires de l'alimentation.........	977.400	»		
			9.427.400	»
Somme à valoir pour imprévus			9.497.770	35
Montant total des dépenses...............			96.650.000	.

La longueur à construire étant de 186,704 mètres, le chiffre ci-dessus représente une dépense moyenne de 517,660 fr. par kilomètre [1].

---

(1) La partie nouvelle du canal de Roubaix, construite de 1866 à 1876, a coûté 7,200,000 fr. pour 7,655 mètres de longueur, soit 940,000 fr. par kilomètre. Le canal de Saint-Quentin, ouvert au commencement du siècle, et dont les terrassements ont été exécutés en partie par les prisonniers de guerre, a coûté 265,000 fr. par kilomètre. Le canal de Marans à La Rochelle, pour un mouillage de 1^{m}60, a donné lieu à une dépense de 13,460,000 fr. pour 24 kilomètres de longueur, soit 560,930 fr. par kilomètre.

Amélioration
des parties
empruntées
aux
voies existantes.

Il ne comprend pas toute la dépense à faire.

Le conseil général des Ponts-et-Chaussées a demandé que l'on ajoutât, au montant des dépenses concernant l'ouverture des sections nouvelles, celles qui seraient nécessaires pour mettre les sections empruntées aux voies existantes en rapport avec le trafic qu'elles seraient appelées à desservir. C'est un chiffre de 5,100,000 fr. à ajouter à celui qui précède.

Conduite
et surveillance
des travaux.

Enfin, il faut encore ajouter, aux dépenses prévues pour les travaux, une somme destinée à payer les frais de conduite et de surveillance, c'est-à-dire les dépenses du personnel chargé de surveiller l'exécution. Cette somme ne saurait dépasser beaucoup trois pour cent du montant des travaux. En la fixant à 3,250,000 fr., le total des dépenses à faire s'élève à 105,000,000 fr., ainsi répartis entre les diverses sections :

DÉSIGNATION DES SECTIONS.	DÉPENSES TOTALES	
	par section.	par kilomètre.
1° SECTIONS NOUVELLES A CONSTRUIRE.	fr. c.	fr. c.
Courcelles-les-Lens à Courchelettes	3.300.000 »	343.750 »
Arleux à Etricourt	22.400.000 »	731.450 »
Etricourt à Péronne	11.200.000 »	734.900 »
Ham à Noyon	12.250.000 »	395.030 »
Janville à Méry-sur-Oise	21.800.000 »	287.600 »
De l'Oise au canal Saint-Denis	26.000.000 »	1.047.100 »
Totaux pour les sections nouvelles (1)	96.650.000 »	517.660 »
2° SECTIONS EMPRUNTÉES AUX VOIES EXISTANTES.		
Courchelettes à Arleux	1.300.000 »	146.300 »
Péronne à Ham	2.500.000 »	92.580 »
Noyon à Janville	1.300.000 »	88.080 »
Total pour les sections empruntées aux voies existantes.	5.100.000 »	104.100 »
Conduite et surveillance des travaux	3.250.000 »	13.780 »
Total général des dépenses	105.000.000 »	115.160 »

(1) Le montant des dépenses afférentes aux sections nouvelles du canal s'élève à   96,650,000   »
Si l'on en retranche le chiffre correspondant à la section de Janville à Méry-sur-Oise   21,800,000   »

Laquelle n'était pas comprise dans l'étude sommaire présentée le 28 février 1879 il reste
pour les sections auxquelles s'appliquait cette étude   74,850,000   »

Le montant probable des dépenses indiqué dans ce travail préliminaire était de   74,500,000   »
Ces deux chiffres sont à peine différents.

On voit que, pour les sections nouvelles, la dépense varie de 237,600 fr. 1,047,100 par kilomètre, c'est-à-dire à peu près du simple au quadruple.

La section la plus coûteuse est celle de Méry-sur-Oise à Paris, à cause du prix élevé des terrains et des nombreux ouvrages d'art qui seront rendus nécessaires par la multiplicité des voies de communication rencontrées.

Autres hypothèses. — L'évaluation des dépenses n'a pas été faite seulement dans l'hypothèse d'une section de 17 mètres de largeur au plafond avec écluses jumelles ; on a fait cette estimation pour le cas d'une section de 11 mètres au plafond, avec écluses ordinaires à un seul sas et avec écluses jumelles.

Les résultats de ces évaluations sont donnés dans le tableau suivant et rapprochés des chiffres qui viennent d'être rappelés :

DÉSIGNATION DES SECTIONS.	MONTANT TOTAL DES DÉPENSES DANS L'HYPOTHÈSE		
	d'une section de 17 mètres au plafond avec écluses jumelles.	d'une section de 11 mètres au plafond	
		avec écluses jumelles.	avec écluses ordinaires.
	fr. c.	fr. c.	fr. c.
Courcelles-lès-Lens à Courchelettes	3.300.000 »	3.000.000 »	2.700.000 »
Arleux à Etricourt	22.400.000 »	21.400.000 »	19.900.000 »
Etricourt à Péronne................., ...	11.200.000 »	11.000.000 »	9.800.000 »
Ham à Noyon	12.250.000 »	12.000.000 »	11.250.000 »
Janville à Méry-sur-Oise...............	21.800.000 »	20.000.000 »	18.700.000 »
Méry-sur-Oise à Paris.................	26.000.000 »	24.000.000 »	22.000.000 »
Courchelettes à Arleux...............	1.300.000 »	1.200.000 »	750.000 »
Péronne à Ham	2.600.000 »	1.500.000 »	1.000.000 »
Noyon à Janville	1.300.000 »	930.000 »	620.000 »
TOTAUX........	101.750.000 »	95.000.000 »	86.720.000 »
Conduite et surveillance des travaux.....	3.250.000 »	3.000.000 »	3.280.000 »
TOTAUX GÉNÉRAUX......	105.000.000 »	98.000.000 »	90.000.000 »

On voit que la substitution d'écluses jumelles aux écluses ordinaires représente une augmentation de dépenses de 8,000,000 fr. ; l'adoption de la largeur de 17 mètres au plafond une augmentation de 7,000,000 fr. La différence totale entre le canal à grande largeur, à écluses doubles, pouvant par conséquent permettre un grand trafic, et le canal ordinaire à écluses simples et à trafic limité, n'est donc en définitive que de 15,000,000 fr., soit environ 15 p. °/₀ de la dépense totale.

Il est inutile, en présence d'une aussi faible différence, d'insister sur les avantages du canal perfectionné et de revenir sur ce qui a été dit à ce sujet.

Dépenses d'entretien et d'exploitation.

Dépenses d'entretien. Les dépenses d'entretien des canaux sont extrêmement variables suivant leur fréquentation, le soin qui a été apporté à leur construction, leur état de conservation et une foule d'autres circonstances.

Voici comment peuvent s'établir celles du nouveau canal :

Entretien du lit, des berges et des chemins de halage 186,704^m à 1 fr.	186,704 f. »
Entretien de 179 ponts à 200 fr. l'un.	35,800 »
Entretien de 46 écluses à 1,500 fr. l'une.	69,000 »
Divers et imprévus	8,496 »
TOTAL.	300,000 f. »

Dépenses d'exploitation. Les dépenses d'exploitation sont de deux sortes : celles qui sont relatives à l'exploitation proprement dite du canal et celles qui sont destinées à l'alimentation.

Exploitation proprement dite. Les premières comprennent le salaire des agents.

92 éclusiers à 750 fr..	69,000 f. »
10 pontiers à 600 fr.	6,000 »
12 gardes à 1,000 fr..	12,000 »
Divers.	3,000 »
Total des dépenses d'exploitation proprement dite	90,000 f. »

Alimentation. Les dépenses de l'alimentation ont été évaluées plus haut dans le paragraphe spécial qui traite cette partie de l'avant-projet. Il suffit de rappeler que ces dépenses atteindront au maximum les chiffres suivants :

Pour la section d'Arleux à Péronne.	300,000 f. »
Id. de Ham à Noyon	90,000 »
Id. de l'Oise à St-Denis	120,000 »
Total des dépenses annuelles d'alimentation	510.000 f. »

Dépense totale annuelle. L'entretien et l'exploitation du canal donneront lieu, par conséquent, à une dépense annuelle totale de 900,000 fr., savoir :

Entretien.	300,000 f. »
Exploitation proprement dite	90,000 »
Alimentation.	510,000 »
TOTAL.	900,000 f. »

Prix du fret après l'achèvement du canal.

La question qui préoccupe le plus les intéressés et qui, d'ailleurs, mesure en quelque sorte le degré d'utilité du canal projeté est celle de savoir quel sera le fret de la houille à destination de Paris, lorsque le canal sera terminé.

Il est difficile d'y répondre exactement, car on se trouve ici en présence de conditions encore inconnues. On ne peut que faire des suppositions.

On arrive à des chiffres aussi probables que possible en examinant en détail les divers éléments dont se compose le prix du fret.

Ces éléments sont :

1º Les frais de traction ;
2º Les droits de navigation[1] ;
3º Les frais de retour à vide ;
4º Les frais d'entretien, d'amortissement, de patente et d'assurance ;
5º Le salaire des mariniers.

De ces cinq éléments, les trois premiers, les frais de traction et de retour à vide, ainsi que les droits de navigation, peuvent être connus à peu près exactement ; les autres peuvent s'en déduire par différence.

Frais de traction. Ainsi, un bateau chargé de 300 tonnes, allant de Pont-à-Vendin à Paris, doit payer en frais de traction 600 fr. 40, savoir :

De Pont-à-Vendin au Fort de Scarpe.	45ᶜ »
Du Fort de Scarpe à Lambres	24 »
Pilotage entre les mêmes points.	8 »
De Lambres à Etrun.	55 »
D'Etrun à l'écluse du Bosquet	71 80
De l'écluse du Bosquet à celle de Lesdins.	15 »
De l'écluse de Lesdins à Chauny	67 60
De Chauny à l'Oise (Janville)	32 40
De Janville à Conflans	81 30
Pilotage entre les mêmes points (prix minimum). .	50 »
De Conflans à la Briche.	111 80
Remorque entre les mêmes points.	15 »
De la Briche à la Villette..	24 »
Total	600ᶜ·40

Tous ces chiffres ci-dessus sont des prix moyens. Ils sont quelquefois notablement dépassés.

---

[1] Les droits de navigation sont aujourd'hui supprimés, mais, comme les prix anciens du fret qui servent de base au calcul les contiennent encore, il faut en tenir compte, sauf à indiquer après coup la modification apportée par leur suppression.

Droits de navigation. Les droits de navigation étaient de 417 fr. 40 répartis comme il suit :

De Pont-à-Vendin à Conflans 295 k. à 0,0025 par tonne et par kilomètre	221 f. 25
De Conflans à la Briche 43 kil. à 0,00125	16 15
De la Briche à la Villette (canal St-Denis)	180 »
	417 f. 40

Frais de retour à vide. Lorsque le bateau revient à vide , il doit payer en outre les frais de traction au retour qui sont en moyenne le tiers de ceux. qu'il paie à charge soit pour le retour entier . . . . 200fr· 20c·

Somme déboursée par le batelier. Un bateau portant 300 tonnes de houille, de Lens à Paris, et revenant à vide, dépense donc les sommes suivantes :

Frais de traction à l'aller	600 f. 40
Id. au retour.	200 20
Droits de navigation	417 40
	1,218 f. »

Recette par voyage Le prix moyen du fret est de 6 fr. 18 c. (Voir note annexe C. page 74) La recette pour 300 tonnes est ainsi de 1,854 fr.

Montant des autres frais et du bénéfice La différence, soit 636 fr., suffit avec le bénéfice réalisé sur le fret de retour, lorsqu'il y en a, à payer les autres frais : entretien, intérêt, amortissement, patente, assurance, salaire des mariniers, etc.

Aujourd'hui, dans l'état de navigabilité des canaux, un bateau ne peut faire que trois voyages de Lens à Paris , il n'a donc, en dehors des bénéfices qu'il peut faire sur le fret de retour, qu'une somme de trois fois 636 ou en chiffre rond 1,900 fr. par an pour tous les frais non évalués.

Leur répartition sur cinq voyages. Ces frais sont à peu près indépendants du nombre de voyages et ils seraient presque les mêmes si le bateau, au lieu de faire trois voyages, en faisait cinq, par exemple. Mais alors, pour y parer, il suffirait d'une somme de 380 francs par voyage, en supposant même que le bateau n'ait pas plus de transports à faire en retour dans ces cinq voyages que dans les trois autres.

Au contraire, le nombre des retours à charge restera probablement proportionnel à celui des voyages : cinq voyages en retour rapporteront plus de bénéfices que trois, et ce bénéfice supplémentaire viendra en atténuation de la somme de 1,900 francs destinée aux frais accessoires ; de sorte que cette somme et par conséquent celle de 380 francs par voyage, pour cinq voyages par an, ne seront pas nécessaires aux bateliers qui pourront se contenter d'une rétribution moindre.

Quoiqu'il en soit, on peut admettre ce chiffre comme un maximum.

Il faut maintenant évaluer ce que les bateliers auront à dépenser, par voyage, sur le nouveau canal.

Dépenses
par voyage
sur
le nouveau canal.

Sur cette voie navigable à large section, à courbes de grand rayon, où le croisement des bateaux chargés s'opérera sans difficulté, non seulement à cause de l'existence de deux chemins de halage continus, mais aussi à cause de la grande largeur de la section, où il ne se rencontrera pas de points trop étroits empêchant le croisement ou même rendant le halage impossible, où les écluses seront disposées de manière à ce que les bateaux y entrent facilement, on doit admettre que le prix de traction ne dépassera pas ce qu'il est aujourd'hui sur une partie du parcours. Or, on paie $0^{fr}00341$ en moyenne, par tonne et par kilomètre, sur une partie du canal de Saint-Quentin, de Jussy à Chauny, où les conditions sont moins favorables qu'elles ne le seront sur le nouveau canal. En appliquant ce chiffre à tout le parcours, on sera certainement au-dessus de la vérité.

Frais
de traction.

La distance de Pont-à-Vendin à La Villette sera de deux cent quarante-sept kilomètres. La traction pour un bateau de trois cents tonnes coûtera donc $0^{fr}00341 \times 247 \times 300$ . . . . 252 fr. 75

Le retour à vide, un tiers de la traction à charge, soit. . . . . 84 fr. 25

Droits
de navigation.

Pour établir la comparaison avec la situation actuelle, on supposera d'abord que les droits de navigation sont les mêmes qu'auparavant. On verra plus loin quelle réduction la suppression de ces droits, aujourd'hui décidée, apportera dans le prix du fret.

Les droits de navigation entre Pont-à-Vendin et le canal St-Denis sur 243 kilomètres seraient en les comptant à l'ancien taux de 0,0025 par tonne kilométrique de. 182 fr. 25

Sur le canal St-Denis il restera à franchir 8 écluses à 0,05 par écluse et par tonne soit 120   »

Total. . . . . . . 302 fr. 25

Un bateau portant 300 tonnes de houille et revenant à vide aurait ainsi à dépenser :

Pour la traction à l'aller. . . . . 252 fr. 75

Id.   au retour. 84   25

Pour droits de navigation. 302   25

Total . . . . . . 639 fr. 25

Soit en nombre rond 640 francs.

Recette
nécessaire.

D'après ce que l'on vient de dire, il suffira, s'il fait cinq voyages par an, que chaque voyage lui rapporte, en plus de cette dépense, 380 fr. net pour payer ses autres frais et lui donner un bénéfice au moins égal à celui qu'il réalise aujourd'hui. Il faudra, pour cela, que chaque voyage lui soit payé en tout 640 + 380 = 1,020 fr.; ce qui , pour 300 tonnes, représente 3 fr. 40 par tonne.

Prix du fret. Les droits de navigation sur le nouveau canal figurent dans le chiffre qui précède pour 182 fr. 25, soit environ 0 fr. 60 par tonne. Puisqu'ils sont supprimés , il faut diminuer d'autant le prix du fret calculé qui descend ainsi de 3 fr. 40 à 2 fr. 80.

Si l'on suppose en outre le canal St-Denis racheté, il faudrait retrancher encore le montant des droits qui y sont perçus et qui s'élèveront à 0,40 par tonne pour les huit écluses. Dans cette hypothèse, le prix du fret de Lens à Paris s'établirait à 2 fr. 40 par tonne

Possibilité de faire cinq voyages. Le raisonnement que l'on vient de faire suppose que les bateaux qui ne font aujourd'hui que trois voyages par an, entre le bassin houiller et Paris, en feront cinq. Est-il possible d'admettre ce résultat comme absolument certain ? C'est ce qui reste à démontrer.

Durée actuelle du voyage. Les bateliers considèrent que la durée normale du trajet, entre le bassin houiller et Paris, devrait être de vingt-cinq jours environ par le canal actuel. La distance étant de 350 kilomètres, cela ferait un parcours de 14 kilomètres par jour.

Mais la durée normale est toujours dépassée et il n'est pas rare de voir un bateau mettre, au lieu de vingt-cinq jours, quarante, cinquante, soixante jours et même davantage pour arriver à Paris. Les causes de retard sont multiples.

C'est d'abord le passage des deux ponts tournants du chemin de fer de Douai à Lille, sur la Deûle et sur la Scarpe, qui peut faire perdre un ou deux jours. C'est la traversée de Douai, c'est le passage au bassin rond d'Etrun où l'on trouve presque toujours des encombrements qui se traduisent par quelques journées de retard. Le même effet se produit sur le canal latéral à l'Oise, au point où aboutit le canal de Charleroi, et à Janville, à l'origine de l'Oise canalisée. Enfin, arrivés à Conflans, les bateaux doivent y attendre souvent un jour, quelquefois deux, trois ou quatre, que le toueur veuille bien les prendre et les remonter jusqu'à Paris.

La durée ordinaire du trajet, au lieu d'être de vingt-cinq jours, est en moyenne au moins de quarante.

Ce n'est pas tout.

Crues de l'Oise et de la Seine. Tous les ans, pendant un temps plus ou moins long, la navigation est interrompue sur l'Oise et sur la Seine par les crues de ces rivières. Il faut compter en moyenne un mois par an de chômage pour cette cause. En ajoutant quinze jours pour le chômage par les glaces, il ne reste dans l'année que 320 jours de navigation, y compris les jours fériés.

Si le trajet dure en moyenne quarante jours pour aller, autant pour revenir, plus vingt-cinq jours à peu près pour recherche d'un chargement, embarquement des marchandises et débarquement, la durée totale du voyage est de 40 + 40 + 25 = 105 jours. Un bateau ne peut, en 320 jours de navigation, faire que trois voyages.

Durée du voyage par nouveau canal.

Par la construction du nouveau canal, toutes les causes de retard qui existent sur la voie actuelle seront supprimées, et il n'y a pas à craindre que des causes analogues allongent la durée du trajet au-delà de ce qui sera strictement nécessaire.

Ces causes sont dues surtout à des accumulations de bateaux sur les mêmes points, encombrements qui ne peuvent disparaître que fort lentement à cause de la faible puissance d'écoulement des écluses du canal de Saint-Quentin, lesquelles, on l'a vu plus haut, ne donnent passage qu'à trente bateaux par jour, alors que les écluses du nouveau canal pourront en faire passer cent cinquante.

L'interruption due aux crues de l'Oise étant supprimée, il n'y a à retrancher de l'année que les quinze jours de glaces. Il reste donc trois cent cinquante jours de navigation.

Or, la distance à parcourir sera de 247 kilomètres.

La durée du trajet, à raison de 14 kilomètres par jour, serait donc de dix-huit jours, mais on a tout lieu d'espérer que cette vitesse sera augmentée. La section transversale du canal étant plus large, la traction y sera plus facile, et le même effort produira une vitesse plus grande. Le croisement des bateaux se fera sans ralentissement, sans manœuvre, en conservant la vitesse normale de marche, le passage des écluses s'opèrera d'une manière beaucoup plus rapide.

On peut donc, sans exagération, admettre que le parcours de 247 kilomètres s'effectuera en quinze jours, ce qui correspond à une vitesse de 16 kilomètres et demi par jour. Il est même probable que cette vitesse sera dépassée.

Quinze jours pour aller, autant pour revenir et vingt-cinq jours comme ci-dessus au départ et à l'arrivée, donnent, pour la durée totale du voyage, cinquante-cinq jours. Cinq voyages n'exigeront que 275 jours sur les 350 disponibles.

Il y a donc une très-grande marge à l'imprévu et l'on peut être certain que les cinq voyages pourront s'effectuer d'une façon normale et régulière.

Justification des bases qui ont servi à évaluer le prix du fret.

Dans tout le raisonnement qui précède et qui a servi à établir le prix du fret par le nouveau canal, les évaluations ont été extrêmement modérées. On n'a pas tenu compte des bénéfices supplémentaires réalisés par les bateliers sur les chargements en retour, par suite de l'augmentation du nombre des voyages. On a admis comme prix moyen de la traction les prix actuels, sans tenir compte des perfectionnements qui pourront être apportés. Enfin on a supposé que les bateaux ne feraient annuellement que cinq voyages entre le Nord et Paris, alors que légitimement on aurait pu en admettre six. Malgré cela, on arrive à trouver que le prix du fret sera de 2 fr. 40 par tonne pour 247 kilomètres ; soit, un peu moins d'un centime par tonne kilométrique.

Traction des bateaux obtenue au moyen de propulseurs individuels.

On a dit plus haut que, dans l'Etat de New-York, une Commission, instituée pour rechercher les moyens d'appliquer la vapeur à la marche des bateaux sur les canaux, s'était prononcée en faveur de bateaux porteurs avec propulseurs spéciaux ; chaque bateau ayant ainsi en lui-même la force dont il a besoin pour être mis en mouvement et se trouvant dispensé de l'obligation de recourir à un moteur étranger, chevaux de halage ou toueur.

Une expérience intéressante se fait en ce moment sur les canaux du Nord, entre Lille et Paris, avec des bateaux disposés d'après le même principe [1].

Prix du fret dans ce système.

En calculant le prix du fret avec les données résultant de cette expérience, on arrive à démontrer que, de Pont-à-Vendin à Paris, ce prix peut descendre au-dessous de 2 fr. 25, soit à moins de 0,009 par tonne et par kilomètre.

Conclusion.

On doit donc considérer comme extrêmement probable que le prix du fret de la houille de Pont-à-Vendin à Paris s'établira, sur le nouveau canal, aux environs de 2 fr. 25 à 2 fr. 40 par tonne.

Et si l'on adoptait les dimensions demandées par le comité des houillères, c'est-à-dire une profondeur de 2^m50 avec bateaux de 400 tonnes, le prix du fret serait réduit sans doute à moins de 2 fr. par tonne.

Fret d'Anzin à Paris.

Le calcul précédent relatif aux transports du charbon de Pont à-Vendin à Paris, pour lesquels la distance à parcourir sera de 247 kilomètres, peut s'appliquer sans modification aux transports de Denain à Paris pour lesquels la distance sera de 241 kilomètres.

On peut donc affirmer que le fret de la houille, soit d'Anzin, soit de Lens à Paris, sera de 2 fr. à 2 fr. 40 par tonne.

Le tableau graphique de la planche IV met en évidence la différence entre le prix du fret futur et le prix actuel, au départ de Lens, pour les diverses destinations de la ligne navigable de Lens à Paris.

Économie réalisée par la construction du canal.

Diminution du prix du fret des houilles.

On a vu plus haut que le prix moyen du fret de Pont-à-Vendin à Paris s'établit aujourd'hui à 6 fr. 18 par tonne. Ce prix comprend les droits de navi-

----

[1] Ce sont les bateaux du système Jacquel. Chaque bateau porteur présente à son arrière une échancrure en forme d'arc de cercle concave, dans laquelle peut venir s'engager un petit bateau de cinq mètres de longueur, environ, portant une machine à vapeur et des hélices propulsives. Arrivé à destination, le petit propulseur abandonne le porteur qu'il a amené, pour se placer derrière un autre prêt à partir, et il n'a pas ainsi à perdre le temps nécessaire au chargement et au déchargement.

gation payés à l'Etat et au canal de St-Denis, qui représentent pour un bateau de 300 tonnes une somme de 417 fr. 40 soit par tonne 1 fr. 39.

Le prix net du fret, abstraction faite de ces droits, ressort donc, en moyenne, à 6 fr. 18 — 1,39 = 4 fr. 79.

Au départ d'Anzin, le fret moyen pour Paris (*Voir note annexe C*) est de 5 fr. 63. Les droits de navigation entrent dans cette somme pour 1 fr. 29, de sorte que le prix net du fret est en moyenne de 5 fr. 63 — 1 fr. 29 = 4 fr. 34.

En admettant qu'à l'avenir le prix du fret soit de 2 fr. 40, ce qui, comme on vient de le voir est un maximum, le nouveau canal permettra de réaliser une économie de 4 fr. 79 — 2 fr. 40 = 2 fr. 39 sur chaque tonne venant du Pas-de-Calais et de 4 fr. 34 — 2 fr. 40 = 1 fr. 94 sur chaque tonne venant du bassin d'Anzin.

L'économie moyenne ressort ainsi à 2 fr. 16 par tonne de houille, et ce chiffre est un minimum, parce que l'on a admis comme prix du fret le chiffre de 2 fr. 40 qui ne sera sans doute pas atteint.

Économie immédiate sur le transport des houilles. Cette économie, appliquée aux quatre millions de tonnes transportées par le canal, représente, pour le commerce et l'industrie, un bénéfice annuel de 8,640,000 fr. qui suffirait à justifier la dépense d'établissement de cette voie navigable augmentée des dépenses d'entretien et d'exploitation.

Dépenses annuelles. L'estimation a montré, en effet, que les dépenses de premier établissement s'élèveront à 105 millions de francs et correspondent à une dépense annuelle

de . . . . 4,200,000 f. »

en comptant l'intérêt à 4 % par an, ce qui, eu égard aux conditions actuelles du crédit de l'Etat, est un taux encore trop élevé. Les dépenses d'entretien, y compris celles d'exploitation et d'alimentation, ont été évaluées à . . . . . . 900,000 »

Soit en totalité par an. . . . . . . 5,100,000 f. »

somme bien inférieure au bénéfice direct procuré par le canal sur les transports qu'il servira à effectuer.

Mais ce n'est pas à ce seul chiffre que l'on peut mesurer son utilité

Bénéfice total réalisé par le commerce. Si le prix du fret des houilles s'abaisse de 2 fr. 16 par tonne, entre le bassin houiller et Paris, le prix de vente de ce combustible, sur le marché parisien, s'abaissera d'autant et les houilles arrivant par d'autres voies que le canal, soit par le chemin de fer, soit par la Seine, devront, sous peine d'être peu à peu refoulées et exclues du marché, diminuer leurs prix d'une quantité correspondante.

Ce n'est donc pas seulement sur la quantité de charbon amenée par le nouveau canal que l'industrie réalisera un bénéfice de 2 fr. 16 par tonne, mais bien sur la totalité du combustible consommé, quelle que soit sa provenance.

Or, il a été démontré que, dans la région desservie par le canal, la consommation de houille atteindrait prochainement douze millions de tonnes. C'est donc, en ne comptant l'économie qu'à deux francs par tonne, un bénéfice annuel de vingt-quatre millions de francs qui sera procuré à la nation, moyennant une dépense annuelle de cinq millions. Et encore ce chiffre de vingt-quatre millions de francs ne comprend que les houilles et ne tient pas compte de l'économie réalisée sur le transport des autres marchandises.

On arriverait sans aucun doute, en complétant l'évaluation, à mettre en évidence un bénéfice de plus de trente millions par an.

Justification de l'utilité du canal. On s'explique ainsi l'immense mouvement de l'opinion publique dans la région du Nord en faveur du nouveau canal, et l'on peut se rendre compte, par l'importance des intérêts engagés, de la vivacité des vœux qui ont été exprimés en toute circonstance, par les conseils généraux et les autres représentants de l'opinion.

Ce qui précède suffira sans doute pour justifier l'utilité de la construction du canal, et pour motiver la déclaration d'utilité publique. Mais ce canal doit être composé de plusieurs tronçons qui pourraient être construits isolément et dont chacun peut avoir son utilité propre, indépendamment de l'ensemble dont il fait partie.

On a donc cherché à se rendre compte de l'utilité partielle de chacune de ces sections.

On a évalué, pour chacune d'elles, l'économie que sa construction ferait réaliser.

Cette économie pour chaque tonne de marchandises transportée sur les diverses sections a été trouvée de

0 f. 20	pour la section de Courcelles-lès-Lens à Courchelettes.
1 15	pour les sections réunies d'Arleux à Péronne et de Ham à Noyon.
0 27	pour la section de Janville à Méry-sur-Oise.
0 52	pour la section de Méry à St-Denis.
0 33	pour la suppression des chômages causés par les crues sur les deux sections précédentes indépendamment des économies déjà signalées.
2 f. 47	En totalité pour toutes les sections.

Or on a, par des calculs tout différents, démontré plus haut que l'économie totale par tonne pour le parcours de Lens à Paris serait supérieure à 2 fr. 40 par tonne.

Il y a donc vérification.

Possibilité d'exécuter isolément les diverses sections

On vient de dire que chacune des sections du canal, ayant son utilité propre, pouvait être exécutée isolément. Ce n'est pas là un des moindres avantages du projet présenté aujourd'hui.

Alors que généralement une voie de communication nouvelle reste à peu près improductive et inutile tant qu'elle n'est pas entièrement achevée, et que, par suite, son prix de revient augmente en réalité des intérêts des sommes dépensées depuis l'origine des travaux, le canal du Nord à Paris peut être exécuté par fractions, dont chacune rendra des services en rapport avec la dépense qu'elle aura occasionnée, avant même que la totalité du canal ne soit achevée.

Ordre à suivre dans l'exécution.

Est-ce à dire, pour cela, qu'il soit indifférent de commencer par l'une ou l'autre de ces sections ? Évidemment non.

Tandis que les unes réalisent simplement des améliorations utiles que l'industrie peut attendre plus ou moins patiemment, mais dont le retard, quoique préjudiciable, n'entrave pas son développement, les autres sont une question de vie ou de mort pour une des industries les plus importantes du Nord de la France, et, on peut le dire, pour la région industrielle du Nord tout entière.

Tout ce qui a été dit, au commencement de ce travail, des inconvénients de la ligne navigable actuelle, de sa situation excentrique par rapport au bassin houiller, de sa longueur, de ses sinuosités, de ses courbes brusques, de la disposition défectueuse de ses écluses, des encombrements qui s'y produisent à chaque pas, tout cela s'applique uniquement au canal de St-Quentin. Toutes les considérations qui ont été développées à l'appui de l'utilité, de la nécessité même de l'ouverture d'une nouvelle ligne, n'ont en vue que la partie de la voie comprise entre le bassin houiller et Noyon qui se trouverait doublée par la section d'Arleux à Noyon.

Cette section, ou plus exactement celle d'Arleux à Péronne, constitue à proprement parler tout le canal du Nord. C'est celle-là qui, en pénétrant au centre du bassin houiller, affranchira les houilles du Pas-de-Calais d'un détour considérable auquel elles sont assujetties aujourd'hui, et qui mettra les deux bassins, du Nord et du Pas-de-Calais, sur un pied d'égalité en ce qui concerne les expéditions vers Paris. C'est la section d'Arleux à Péronne qui doublera le bief de partage, les souterrains du canal de St-Quentin, ainsi que ses nombreuses écluses, et qui constituera la voie nouvelle, plus directe, plus courte, plus perfectionnée que réclament avec tant d'énergie les exploitants de houilles, les commerçants, les industriels et toutes les populations intéressées.

Si donc l'on ne veut pas commencer simultanément et conduire de front l'exécution des diverses sections du canal, c'est celle d'Arleux à Péronne qui doit être entamée la première. Elle présente d'ailleurs assez de difficultés et son exécution sera longue.

La rectification de Courcelles-lès-Lens à Courchelettes, qui répond à un besoin urgent, peut être entreprise en même temps et pourrait d'ailleurs être terminée en une campagne.

On commencerait ensuite en marchant du Nord vers Paris les sections suivantes de Ham à Noyon, de Janville à Méry et St-Denis, sections dont l'exécution ne présentera qu'une utilité restreinte tant que celle d'Arleux à Péronne ne sera pas terminée. Ce n'est en effet qu'après l'ouverture de cette première section que le trafic pourra atteindre, sur toute la longueur du canal, le chiffre de quatre millions de tonnes. Jusque là il sera nécessairement borné au chiffre actuel ou à peu près.

RÉSUMÉ.

On a vu, dans la première partie de ce travail, que la création d'une nouvelle voie navigable directe, entre le Nord et Paris, correspond à une nécessité de premier ordre, et l'on a cherché, en s'appuyant sur l'expérience du passé, à évaluer le trafic qu'elle serait appelée à desservir.

Nécessité d'une nouvelle voie navigable.

Les voies de communication existantes, entre le Nord et Paris, déjà à peine suffisantes pour le trafic actuel, seraient absolument hors d'état de subvenir aux besoins d'une circulation double, et le bassin houiller du Nord et du Pas-de-Calais se verrait forcé de restreindre sa production, faute de moyens d'expédier ses produits, si l'on n'exécutait pas une voie nouvelle capable de les transporter.

Cette voie doit être la plus facile et la plus directe possible, entre le Nord et Paris, pour conserver à ce bassin houiller l'accès du marché de Paris qui pourrait lui être fermé par les houilles anglaises amenées à bas prix par suite des travaux d'approfondissement de la Seine.

Son chiffre probable.

Une voie nouvelle perfectionnée, permettant aux produits français de prendre, sur le marché parisien et dans la région voisine, la place qui leur est naturellement dévolue à cause de leur proximité, arrivera, dans un avenir peu éloigné, à transporter quatre millions de tonnes de marchandises, et ce chiffre sera probablement dépassé plus tard.

Description du projet. — Possibilité d'exécution.

La longue description technique qui forme la seconde partie a montré que ce travail ne rencontrera, sur aucun point, d'obstacle insurmontable, et que les difficultés ne dépassent pas celles qui ont été heureusement vaincues dans d'autres travaux analogues.

La profondeur des tranchées ne dépasse pas vingt-huit mètres (ce chiffre n'est atteint qu'en un seul point), et l'on sait qu'elle est de vingt-six mètres sur une assez grande longueur au canal de Saint-Quentin, ouvert au commencement du siècle.

Un seul souterrain de 4,544 mètres sera nécessaire : le canal de St-Quentin en présente deux, dont le plus long a 5,670 mètres.

L'alimentation doit être faite au moyen d'eaux élevées par des pompes : mais avec les progrès réalisés dans la construction des machines et avec le bas prix du combustible, ce mode d'alimentation n'est pas plus coûteux que les autres, il a sur eux l'avantage de ne pouvoir donner lieu à aucun mécompte. Les sources peuvent tarir, les réservoirs peuvent se vider au moment où les eaux seraient le plus nécessaires, et laisser à sec le canal qu'ils doivent alimenter. Rien de pareil n'est à craindre avec des machines à vapeur.

Justification des dispositions principales. En même temps que l'on établissait la possibilité de l'exécution, on a indiqué et justifié les dimensions et les dispositions à adopter pour desservir un grand trafic..

On a montré la nécessité de donner au plafond du canal une largeur de dix-sept mètres correspondante à celle de trois bateaux et l'utilité d'adopter éventuellement la profondeur de 2^m50.

La nécessité d'avoir des écluses formées de deux sas jumeaux et de donner à chacun de ces sas une profondeur notablement plus grande que l'enfoncement d'un bateau chargé a été également démontrée.

Évaluation des dépenses. Enfin, après avoir exposé les bases qui ont servi à l'évaluation des dépenses de construction, lesquelles s'élèveront au chiffre total de cent cinq millions de francs, et des dépenses d'exploitation qui atteindront au plus neuf cent mille francs, on a cherché à prévoir les conséquences que l'on pouvait espérer, de l'exécution du canal, au point de vue de l'abaissement du prix du fret. On a démontré que l'économie probable serait d'au moins deux francs par tonne de houille sur les prix actuels déjà diminués des droits de navigation, et que le fret futur s'établirait vraisemblablement au-dessous de 2 fr. 40 par tonne du bassin houiller à Paris.

Économie réalisée par le commerce. L'économie de plus de deux francs par tonne donnera, pour les quatre millions de tonnes transportées par le canal, un bénéfice immédiat de plus de huit millions de francs par an, alors que l'intérêt du capital engagé dans la construction, augmenté des dépenses d'entretien et d'exploitation, ne représente que cinq millions. Mais, en dehors de ce bénéfice direct, on est en droit d'espérer, de l'exécution du canal, une économie annuelle pour le pays, de plus de vingt millions de francs.

L'œuvre présente donc à un haut degré un caractère d'utilité publique et est destinée à rendre à la nation des services incontestables.

CONCLUSIONS.

Pour ces motifs, l'Ingénieur en chef chargé du service des études a proposé de soumettre aux enquêtes devant précéder la déclaration d'utilité publique, l'avant-projet qu'il a présenté pour l'ouverture, entre la région du Nord et Paris, d'un canal formé de cinq sections nouvelles, savoir :

De Courcelles-lès-Lens à Courchelettes ;
D'Arleux à Péronne ;
De Ham à Noyon ;
De Janville à Méry-sur-Oise ;
De Méry-sur-Oise à Paris,

et de trois sections empruntées aux voies existantes :

De Courchelettes à Arleux (canal de la Sensée) ;
De Péronne à Ham (canal de la Somme) ;
De Noyon à Janville (canal latéral à l'Oise).

Ledit canal devant avoir :

Une largeur de dix-sept mètres à deux mètres au-dessous du plan d'eau ;

Un mouillage de deux mètres, pouvant être porté à deux mètres cinquante centimètres ;

Des écluses formées de deux sas jumeaux ayant 5^{m}20 de largeur et 38^{m}50 de longueur utile ;

Et devant occasionner une dépense évaluée à cent cinq millions de francs.

Amiens, le 25 avril 1880.

L'Ingénieur en chef,

A. FLAMANT.

NOTES ANNEXES.

Note A.

TABLEAU

*Indiquant la quantité de houille produite par chacune des concessions
des bassins du Nord et du Pas-de-Calais,
pendant l'année 1878.*

Renseignements fournis par le service des Mines.

BASSIN DU PAS-DE-CALAIS.		BASSIN DU NORD.	
NOMS DES CONCESSIONS.	EXTRACTION.	NOMS DES CONCESSIONS.	EXTRACTION.
	tonnes.		tonnes.
Hardinghem	77.733	COMPAGNIE D'ANZIN. — Anzin	4.253.039
Dourges	197.704	Denain	74.917
Courrières	433.214	Raismes	196.564
Lens	669.077	Sainte-Saulve	179.385
Grenay	457.439	Fresnes	48.673
Nœux	486.342	Vieux-Condé	349.102
Bruay	348.564	Odomez	46.874
Marles	335.346		
Ferfay	459.008	TOTAL pour la Compagnie d'Anzin	2.085.534
Fléchinelle	39.431	Aniche	532.244
Liévin	210.394	Escarpelle	264.223
Vendin	60.684	Douchy	435.888
Meurchin	407.057	Vicoigne	149.935
Carvin	133.148	Azincourt	32.950
Ostricourt	31.730	Marly	300
Douvrin	37.746	Escaupont-Thivencelles	54.940
Annœullin	14.246		
Courcelles-lès-Lens	2.578		
Auchy-au-Bois	34.879		
TOTAL en 1878	3.829.854	TOTAL en 1878	3.240.004
Pendant l'année 1879, l'extraction a été de	4.174.800	Pendant l'année 1879, l'extraction a été de	3.470.986

Note B.

TABLEAU

*Indiquant les sommes dépensées par les diverses compagnies houillères,
en travaux de premier établissement (capitaux immobilisés),
depuis l'origine de l'exploitation jusqu'en 1879.*

Renseignements recueillis par M. Vuillemin, Président du Comité des houillères.

NOMS des COMPAGNIES HOUILLÈRES	CAPITAL IMMOBILISÉ.	NOMS des COMPAGNIES HOUILLÈRES	CAPITAL IMMOBILISÉ.	OBSERVATIONS.
	francs.		francs.	
Anzin	100.000.000	*Report*	297.000.000	
Aniche	20.500.000	Fléchinelle	4.000.000	
Douchy	10.000.000	Vendin	4.000.000	
Vicoigne	6.000.000	Douvrin	1.500.000	Achetée par la Compagnie de Lens.
Crespin	3.500.000	Meurchin	4.000.000	
Marly	4.500.000	Carvin	4.500.000	
Azincourt	5.000.000	Ostricourt	3.000.000	
Fresnc-Midi	7.000.000	Annœullin	3.000.000	
Escarpelle	10.500.000	Cauchy-à la-Tour	1.200.000	Achetée par la Compagnie de Ferfay.
Dourges	8.000.000	Liévin	8.000.000	
Courrières	46.000.000	Courcelles-lès-Lens	2.500.000	
Lens	22.500.000	Drocourt	500.000	
Bully-Grenay	23.300.000	Hasnon	2.000.000	Achetée par la Compagnie d'Anzin.
Nœux	16.000.000	Bruille	3.000.000	Achetée par la Compagnie de Vicoigne.
Bruay	15.500.000	Hardinghem	7.000.000	
Marles	12.000.000	Fiennes	250.000	
Ferfay	10.000.000	Ferques	1.300.000	
Auchy-au-Bois	6.700.000	TOTAL	346.750.000	
A reporter	297.000.000	SOIT	350.000.000	

A ce chiffre de 350 millions de francs, il convient d'ajouter les dépenses faites par les très nombreuses Sociétés de recherches, pour l'exploration du bassin, la détermination de ses limites, etc., dépenses qui, en général, n'ont abouti qu'à des pertes pour les capitalistes qui les ont entreprises, mais qui ont contribué à la découverte des richesses minérales.

Ces dépenses, d'après l'évaluation approximative faite par M. Vuillemin, ne seraient pas inférieures à 100 millions de francs ; de sorte que le capital total immobilisé dans le bassin houiller du Nord et du Pas-de-Calais atteindrait 450 millions de francs.

Note C.

TABLEAU

Indiquant les dépenses faites par les diverses compagnies houillères pour assurer l'expédition de leurs produits.

NOMS des COMPAGNIES.	DÉPENSES FAITES EN TRAVAUX destinés à faciliter l'expédition des produits			OBSERVATIONS.
	PAR BATEAU.	PAR WAGON.	TOTALES.	
	fr. c.	fr. c.	fr. c.	
Aniches..........	371.370 63	4.651.611 14	2.022.984 77	
Anzin............	2.691.200 »	16.615.000 »	19.306.200 »	La somme de 19,306,200 fr. dépensée par la Compagnie d'Anzin comprend 14,140.000 pour le chemin de fer d'Anzin à Somain et à Péruwelz originairement établi pour l'usage de la Compagnie et l'expédition de ses produits.
Azincourt.........	18.702 »	263.439 79	282.441 79	
Béthune..........	1.339.884 »	2.274.853 77	3.614.737 77	
Bruay..........	1.284.904 04	1.044.597 91	2.329.501 95	
Carvin..........	16.000 »	844.633 29	860.633 29	
Courrières........	2.060.304 29	312.460 26	2.372.764 55	
Douchy	440.373 93	344.950 93	785.324 86	Pour quelques-unes des Compagnies, la répartition des dépenses entre les expéditions par voie d'eau et de fer n'est qu'approximative. Certains travaux servent aux expéditions par ces deux voies.
Dourges..........	1.192.201 34	45.550 »	1.237.751 34	
Escarpelles.......	612.659 27	204.025 71	816.684 98	
Ferfay	154.117 54	1.385.547 49	1.539.665 03	
Fléchinelle	696.150 »	773.650 »	1.469.800 »	
Lens.............	3.262.700 »	2.838.000 »	6.100.700 »	Aux chiffres ci-contre doivent être ajoutées, pour un certain nombre de compagnies les dépenses d'acquisition du matériel de transport.
Liévin	12.433 62	740.259 17	752.692 79	
Marles	» »	2.426.822 88	2.426.822 88	Les travaux de moindre importance exécutés par quelques compagnies secondaires ne figurent pas au tableau.
Meurchin........	242.472 33	» »	242.472 33	Le montant des dépenses dépasse certainement cinquante millions de francs.
Nœux-Vicoigne ...	2.027.583 54	844.031 10	2.871.614 64	
Thivencelles......	118.294 59	112.099 09	230.390 68	
Vendin..........	25.000 »	160.000 »	185.000 »	
	16.566.348 06	32.881.532 53	49.447.880 50	

Note D.

TABLEAU

*Indiquant les quantités de houille consommées dans divers départements,
pendant la période 1847-1878.*

LES QUANTITÉS SONT EXPRIMÉES EN TONNES DE MILLE KILOGRAMMES.

Renseignements extraits des volumes publiés par le bureau de la statistique de l'Industrie
minérale au Ministère des Travaux publics.

ANNÉES.	1er GROUPE.		TOTAUX.	2e GROUPE.				TOTAUX.	3e GROUPE.								TOTAUX.
	Nord.	Pas-de-Calais.		Aisne.	Marne.	Somme.	Oise.		Seine.	Seine-Inférieure.	Seine-et-Oise.	Seine-et-Marne.	Eure.	Aube.	Yonne.	Loiret.	
1847	1.567.370	398.660	1.966.030	418.000	37.760	129.970	75.960	389.710	499.660	223.770	36.590	24.130	59.480	14.910	17.000	30.800	924.520
1848	1.368.216	348.446	1.686.680	49.070	34.990	82.870	43.500	459.930	344.010	208.360	45.590	18.180	44.180	19.080	12.140	29.160	711.950
1849	1.260.780	310.899	1.576.640	98.540	33.940	130.960	62.490	324.580	948.680	222.980	49.570	30.370	40.290	17.130	12.960	34.600	927.780
1850	1.376.970	343.660	1.720.620	116.870	41.020	140.580	130.700	420.440	653.960	267.720	48.490	32.340	38.340	16.650	10.840	21.380	1.092.460
1851	1.377.460	387.510	1.764.070	172.180	35.470	132.030	95.840	436.580	646.870	274.740	48.680	37.840	34.900	16.150	10.700	24.840	1.083.670
1852	1.497.930	371.890	1.869.820	194.830	39.700	114.470	441.390	490.090	662.830	287.550	54.960	34.050	35.890	16.050	15.630	24.450	1.130.550
1853	1.114.970	409.480	2.121.450	217.820	57.800	124.310	108.490	498.040	868.490	317.130	58.350	40.140	47.490	21.790	18.180	29.640	1.399.360
1854	1.751.810	436.210	2.202.020	289.700	44.820	179.380	444.860	633.460	1.098.890	344.320	59.430	45.140	48.070	25.760	20.760	39.550	1.447.290
1855	2.176.420	531.070	2.707.490	843.770	34.510	181.360	439.440	718.240	1.460.000	849.430	70.650	69.520	37.130	12.920	48.000	62.000	1.710.620
1856	1.997.540	368.370	2.388.940	387.160	26.720	248.780	458.700	821.390	1.409.890	508.650	71.930	65.580	83.190	14.920	20.950	73.740	1.886.110
1857	1.800.410	623.650	2.304.900	183.970	71.290	342.680	456.810	966.690	1.400.400	484.380	69.380	70.010	37.470	34.780	18.160	66.190	1.921.670
1858	2.324.310	497.440	2.924.760	392.590	76.390	232.600	199.430	900.740	1.087.580	545.040	113.680	57.830	106.900	20.910	18.040	73.470	1.928.230
1859	Les chiffres concernant l'année 1859 ne figurent pas dans les documents publiés par le bureau de la statistique de l'industrie minérale																
1860	2.130.300	311.610	2.442.310	688.700	135.100	392.370	142.640	1.085.460	1.474.310	514.000	158.610	78.160	98.120	29.430	44.360	77.210	2.749.500
1861	2.468.340	369.650	3.037.990	645.170	143.270	256.380	475.230	1.021.340	870.760	644.630	164.710	82.830	107.380	33.910	30.360	47.410	2.397.060
1862	2.860.930	623.910	3.183.840	637.110	160.370	283.590	901.640	1.083.410	1.063.940	440.090	188.991	83.800	101.020	37.480	38.570	84.310	2.026.400
1863	2.502.070	662.540	3.164.640	510.080	128.430	362.940	199.010	1.002.020	1.804.320	491.210	181.420	101.210	74.230	36.210	49.500	83.160	2.935.420
1864	2.591.860	728.570	3.320.830	560.530	158.830	297.860	499.460	1.416.430	844.350	471.980	362.160	196.290	71.790	35.370	58.050	56.880	2.877.560
1865	2.760.940	885.400	3.646.340	453.400	187.810	624.640	347.270	1.312.120	933.420	330.670	193.140	108.160	86.270	39.600	38.140	84.320	3.642.620
1866	1.428.080	964.710	4.192.790	560.680	207.070	406.140	300.830	1.474.780	1.009.070	622.950	165.590	100.740	31.180	52.950	31.180	143.250	3.160.160
1867	3.042.080	965.650	4.047.730	635.400	204.430	341.430	283.420	1.308.380	1.029.630	379.060	131.970	90.900	85.590	13.710	43.430	181.850	3.143.300
1868	3.315.150	1.608.230	5.923.680	480.460	219.040	379.540	252.360	1.362.120	953.300	667.870	229.920	101.900	88.920	65.064	99.890	108.280	3.498.220
1869	3.308.800	830.940	4.240.500	522.240	231.810	362.040	304.530	1.370.620	935.250	642.480	228.840	100.210	104.390	56.550	46.150	106.830	3.483.880
1870	4.255.610	1.119.590	4.375.600	537.240	455.330	368.390	343.970	1.272.580	829.940	662.290	179.640	82.910	105.430	49.680	35.770	75.490	2.312.960
1871	1.320.510	1.438.630	4.800.140	713.810	104.340	437.080	359.580	1.645.820	298.940	604.900	199.170	73.380	106.360	43.030	36.020	90.640	2.444.140
1872	4.226.010	1.338.140	5.566.450	768.970	218.170	483.430	350.360	1.902.630	638.860	790.330	241.740	430.740	187.360	71.190	59.210	146.740	3.405.970
1873	4.387.030	1.418.750	5.800.780	809.200	308.240	339.610	344.010	2.081.660	891.190	728.160	228.630	153.280	136.920	84.060	63.480	161.840	3.667.860
1874	4.106.370	1.254.130	6.340.500	707.680	298.540	497.060	305.120	1.838.880	889.100	723.830	376.072	114.870	121.990	38.670	54.270	149.140	3.494.710
1875	4.266.470	1.600.620	5.115.790	809.940	289.060	361.640	361.440	2.002.940	990.320	790.690	347.890	163.080	140.480	43.060	56.820	118.210	3.651.960
1876	4.286.200	1.407.400	5.693.300	738.900	297.200	530.600	372.600	1.980.390	971.900	803.100	359.400	157.800	150.500	47.100	69.400	113.000	3.682.200
1877	4.264.800	1.443.410	5.317.900	540.500	345.600	488.600	315.970	1.793.900	449.800	773.300	340.000	168.400	137.400	56.920	50.000	58.400	3.789.000
1878	1.824.400	1.399.340	5.923.000	653.000	334.400	329.900	342.410	1.859.700	1.086.700	812.700	338.000	153.700	127.400	84.590	111.780	189.600	3.770.800

Note E.

RENSEIGNEMENTS

SUR LE PRIX DU FRET DES HOUILLES.

Résumés des bulletins publiés par M. Bracq-Miroir, commissionnaire en douane,
à Condé-sur-Escaut.

Les chiffres inscrits au tableau suivant sont les moyennes des prix de fret signalés par les bulletins
hebdomadaires de M. Bracq-Miroir.

Les prix sont applicables à la tonne de 1,000 kilogrammes. Ils comprennent les droits de navigation.
qui n'ont été supprimés qu'en 1880.

DÉSIGNATION du PARCOURS.	PRIX MOYEN DU FRET pendant les années				PRIX moyen des quatre années	DISTANCES.	PRIX par tonne kilométrique.
	1876	1877	1878	1879			
	fr. c.	fr. c.	fr. c.	fr. c.	fr. c.	kilom.	fr. c.
De Lens à La Villette............	6 57	5 92	6 12	6 11	6 18	344	0 018
— Rouen........	7 66	6 82	6 80	6 71	7 00	467	0 015
— Amiens..,.............	4 25	3 79	3 85	3 83	3 93	227	0 017
— Arras	1 75	1 50	1 53	1 63	1 60	54	0 031
— Douai	0 80	0 80	0 83	0 83	0 82	23	0 036
— Cambrai...............	1 92	1 70	1 70	1 79	1 78	64	0 028
— Péronne...............	» »	3 06	3 26	3 14	3 15	166	0 019
— St-Quentin............	2 97	2 43	2 41	2 52	2 58	117	0 022
— Compiègne............	3 93	3 54	3 50	3 54	3 63	199	0 018
— Lille	0 82	0 80	0 81	0 80	0 81	25	0 032
— Béthune..............	0 80	0 76	0 79	0 80	0 79	23	0 034
— St-Omer..............	1 20	1 20	1 24	1 24	1 24	64	0 019
— Dunkerque.............	1 60	1 55	1 58	1 61	1 58	108	0 045
— Calais................	1 60	1 55	1 58	1 61	1 58	109	0 045
d'Anzin à La Villette	5 99	5 37	5 52	5 65	5 63	302	0 019
— Rouen................	6 79	6 32	6 32	6 45	6 47	425	0 045
— Amiens...............	4 21	3 68	3 45	3 34	3 67	185	0 020
— Arras	2 51	2 01	2 00	1 92	2 11	59	0 035
— Douai	1 71	1 21	1 20	1 12	1 31	40	0 033
— Cambrai...............	1 47	0 99	0 93	1 02	1 10	23	0 047
— Péronne...............	3 51	3 03	2 80	2 69	3 02	125	0 024
— St-Quentin............	2 47	1 99	1 93	2 02	2 10	76	0 028
— Compiègne............	3 50	3 03	3 36	3 35	3 34	158	0 021
— Lille	2 07	1 56	1 69	1 62	1 73	89	0 019
— Béthune..............	2 22	1 71	1 92	1 92	1 94	87	0 022
— St-Omer	2 62	2 11	2 51	2 61	2 46	128	0 019
— Dunkerque............	3 37	3 85	3 03	3 11	3 09	172	0 018
— Calais	2 97	2 51	3 01	3 16	2 94	173	0 017

Note F.

TABLEAU COMPARATIF

DES LONGUEURS DE DIVERS PARCOURS

Par les canaux actuels et par le canal projeté.

DÉSIGNATION DES PARCOURS.	VOIE ACTUELLE.		VOIE PROJETÉE.		DIFFÉRENCES			
					EN PLUS.		EN MOINS.	
	Longueurs	Nombre d'écluses.	Longueurs	Nombre d'écluses.	Longueurs	Nombre d'écluses.	Longueurs	Nombre d'écluses.
1" — PARCOURS PARTIELS.								
	mètres.		mètres.		mètres.		mètres.	
De Courcelles-lès-Lens à Courchelettes.	13.406	4	9.600	2	»	»	3.806	2
D'Arleux à Saint-Simon	96.324	31	84.934	25	»	»	44.390	6
De Ham à Noyon...................	54.044	15	24.180	9	»	»	29.864	6
De Saint-Simon à Noyon	42.894	12	29.510	8	»	»	13.384	4
De Noyon à Méry-sur Oise	101.670	8	90.560	6	»	»	11.110	»
De Méry-sur-Oise à La Villette	66.466	14	29.365	19	»	5	37.101 ·	»
De Noyon à La Villette	168.136	22	119.245	23	»	1	48.894	»
2° — PARCOURS AU DÉPART DES BASSINS HOUILLERS.								
De Pont-à-Vendin à Arleux	36.606	6	32.586	4	»	»	4.020	2
Id. à Saint-Simon	132.930	37	114.520	29	»	»	18.410	8
Id. à Ham.	144.050	40	103.400	26	»	»	40.650	14
Id. à Amiens..........	226.964	54	135.594	34	»	»	91.370	20
Id. à Noyon	175.824	40	127.550	35	»	»	48.274	14
Id. à Méry-sur Oise.....	277.494	57	218.110	41	»	»	59.384	16
Id. à La Villette......	343.960	74	246.795	58	»	»	97.165	13
De Denain à Saint-Simon	90.880	33	»	»	»	»	»	»
Id. à Ham	102.000	36	97.258	26	»	»	4.742	10
Id. à Amiens	184.914	50	129.452	34	»	»	55.462	16
Id. à Noyon...........	133.774	45	121.408	35	»	»	12.366	10
Id. à Méry-sur-Oise	235.444	53	211.968	44	»	»	23.476	12
Id. à La Villette	301.910	67	240.653	58	»	»	61.257	9

Note G.

Avis du Comité des houillères du Nord et du Pas-de-Calais sur les dimensions à donner au canal du Nord sur Paris.

Extrait du rapport présenté au Comité par M. Brun, Ingénieur-Directeur des mines de l'Escarpelle.

Messieurs, dans sa séance du 13 novembre (1879), le Comité a confié à une commission composée de son bureau et de trois de ses membres, le soin de préparer un rapport sur les dimensions à donner au nouveau canal direct du bassin houiller sur Paris.

La Commission avait à se prononcer sur les points suivants :

  1° Profondeur d'eau à donner au canal ;
  2° Largeur de la section transversale ;
  3° Longueur et largeur des écluses.

. . . .

Après ce qui a été dit relativement à la section transversale des écluses, elle s'est ralliée à l'avis de conserver la largeur de 5 m. 20 et de porter à 16 mètres celle du plafond du canal . . . .

. . . .

La Commission n'avait plus qu'à rechercher le type du bateau satisfaisant à cette double condition, de pénétrer dans les écluses de 38 m. 50 sur 5 m. 20 et d'offrir la capacité la plus grande, c'est-à-dire de déterminer la hauteur convenable. Le calcul indique que, pour atteindre à une capacité de 400 tonnes, étant données les longueur et largeur de 38 m. 50 et 5 mètres, le tirant d'eau doit être porté à 2 m. 30.

C'est le chiffre qui a été adopté . . . .

Une question restait à résoudre :

Quelle sera la longueur des écluses ?

Après les observations de M. le Président, qui a établi l'insuffisance de deux écluses jumelles ordinaires pour assurer l'écoulement rapide des bateaux aux époques des grandes expéditions, la

Commission s'est prononcée pour un système d'écluses formé d'un sas de 78 à 80 mètres de longueur, donnant accès à deux bateaux chargés, et d'un second sas de 38 m. 50 pour les bateaux vides.

En résumé, la Commission est d'avis :

1° Que la profondeur du canal doit être de 2 m. 50, afin d'obtenir un tirant d'eau de 2 m. 30.
2° La largeur au plafond, de 16 mètres.
3° La section transversale des écluses, 5 m. 20, longueur 38 m. 50 et 78 à 80 mètres.

Et elle a l'honneur de vous proposer de donner votre approbation à ces conclusions.

Les termes et les conclusions de ce rapport ont été adoptés par le Comité des houillères, dans sa réunion du 8 janvier 1880.

TABLE.

NOTES ANNEXES.

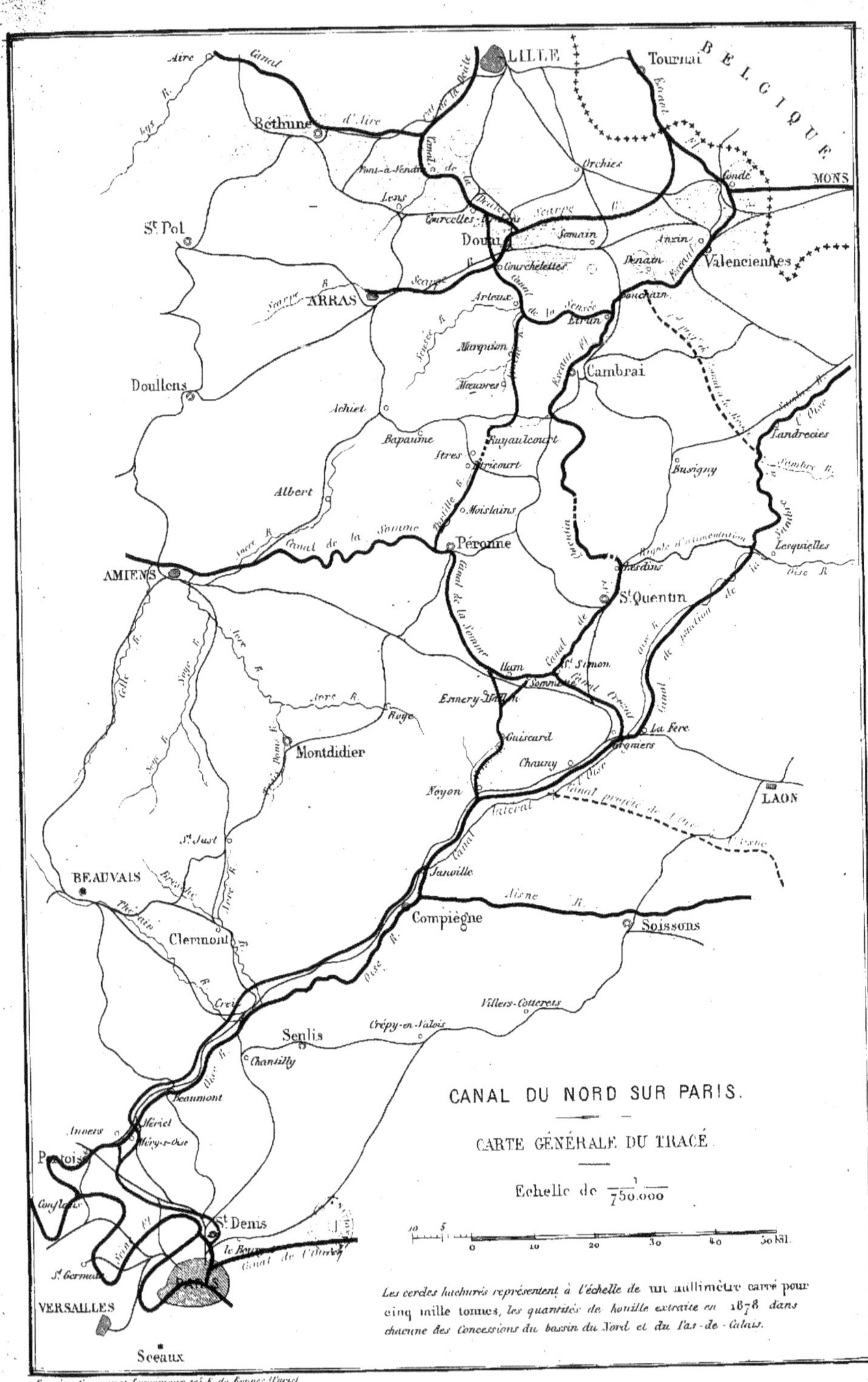

CANAL DU NORD SUR PARIS.

CARTE GÉNÉRALE DU TRACÉ

Echelle de $\frac{1}{750.000}$

Les cercles hachurés représentent à l'échelle de un millimètre carré pour cinq mille tonnes, les quantités de houille extraite en 1878 dans chacune des Concessions du bassin du Nord et du Pas-de-Calais.

Requier, Graveur et Imprimeur 165 R. de France Paris

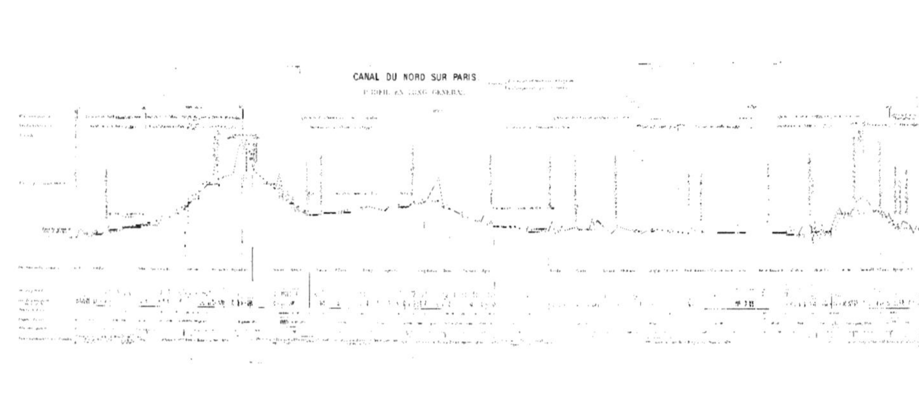

CANAL DU NORD SUR PARIS
PROFIL EN LONG GÉNÉRAL

TONNES

TABLEAU GRAPHIQUE COMPARATIF

des distances et des prix de transport de la Houille

de LENS vers PARIS.

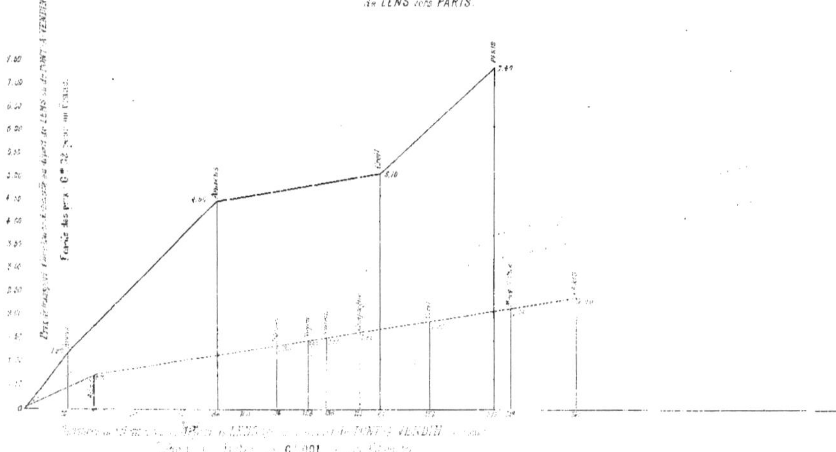

CANAL DU NORD SUR PARIS.

PROFILS EN TRAVERS TYPES.

Profil avec 11m00 de largeur au plafond.

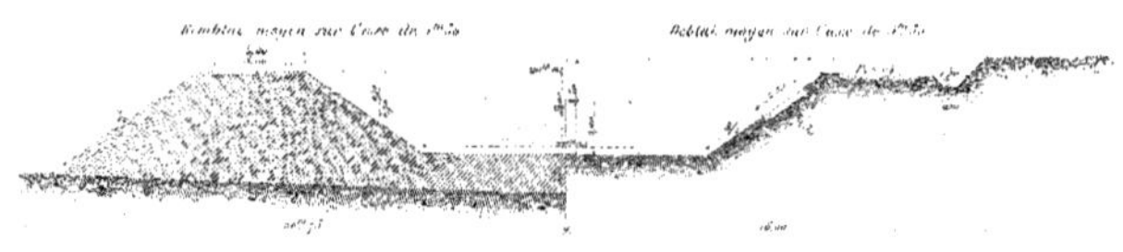

Profil avec 17m00 de largeur au plafond.

Profil en travers type de Souterrain.

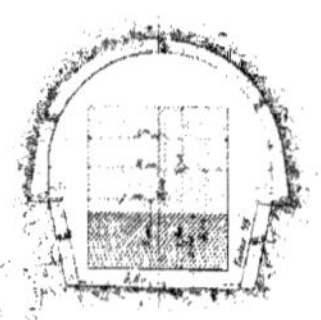